寫給想愛的男人們

不只有、還要好，與真正在意你的人相遇

Meet Better

文飛（Dana）——著

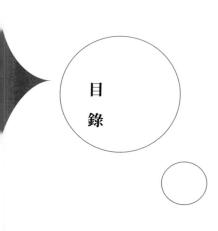

目
錄

第四章／
如何跟陰性相處

後記／
沒有比愛更真實的東西了

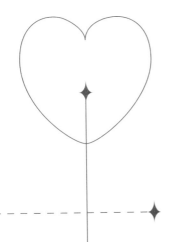

目
錄

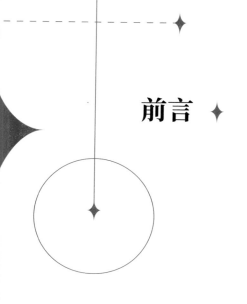

前言

　　這本書的誕生，是因為我厭倦了網路上那永無止盡、各說各話、互相仇視與誤解的兩性戰爭。厭倦了那些講得天花亂墜、將自己的技術神格化的把妹書籍與達人。如果你跟我一樣有這樣的感受，你在愛情中只是想要一個能讓你心動、值得信賴與敬愛的人，想好好對待她讓她快樂，和她一起體驗這轉瞬即逝的人生的話，那麼這本書就是寫給你的。

　　我是一個相信愛情存在的人。我相信每個人都能遇見那個有能力看見你、懂得你想如何被對待，讓你對生命接

下來的發生都感到期待與振奮的人。我認為愛情不該只是找一個人來滿足自己的需求，因為那樣的感情只會進入讓愛情必然死亡的惡性循環。

現在越來越多人寧願保持單身也不願意踏入關係，因為越來越多人能感受到踏入感情的麻煩，而這種麻煩就是源自於大部分的人談感情是為了填補內心的缺失，尋找被愛的感受，卻沒有想要去愛人或增進愛人的能力。這也導致了男性跟女性之間產生了諸多的誤會而互相敵視。

我是文飛（Dana），我從事情感教育事業，統稱為「做戀愛」的。在這個業界打滾了八年多，一路上教學相長，我從一個渴望愛的小女孩，漸漸成長到一個心智成熟懂得愛人的女人。

在這過程中我發現了成功的關係與彼此消耗的關係之間關鍵性的差異，也發現了人們在關係裡所面臨的看似無解的問題的癥結。我們可以看到普遍關於情感與關係的思想，尤其在異性戀的範疇，論調都是覺得問題出在「無能的直男身上」居多。

但當我走過面對自己、學習如何去愛的成長歷程，我深知今天人們在關係中會感到不幸福，女人同樣責無旁貸。尤其在怨恨異性這點上，男女只是攻擊彼此的手法不

同。男人用貶低與性騷擾，女人用話語權與輿論撻伐。我們都只想看到自己認為的「問題族群」不舒服的樣子，讓人不舒服之後，還覺得對方應該聽我的，要對方反省自己，改善自己，這根本是天方夜譚。（稍微懂一點談判溝通的基本美學就知道這樣只是在發洩而已。）

　　或許有一些自認是女性主義者的人們會撻伐這本書，認為我在幫男性找藉口。在我看來，這些自認正義之士到處撻伐別人的女人或男人，只有有一天醒來身體轉性了，才會理解自己的憤怒源自於一種仇恨的幻想。

　　我從來都不選邊站，我只站在真相這邊，訴說我看到的真實，真實是不會偏袒任何一方的。縱然群體現象需要拿出來說明，但我始終相信的是個體的特殊性，而不是群體加總的統計學特性。

　　直接對他人扣對錯的帽子是一件很容易的事，好似自己都沒問題不需要改善，需要改變的永遠是世界與別人。無論男人或女人，現在的世道好似只要擁有「受害者」的身分，自己就自動取得「善人」的免死金牌（簡直毫無邏輯可言，受害就只是受害，受害並不等同於善良），變成受害者講什麼都是對的。認為這個世界與他人應該為自己改變，只要有人對受害者有任何建言，馬上就被當成「檢

討受害者」的惡人。

　　男人的感受與立場好像只因為「是男人」就得被忽視跟抹滅，任何政治不正確的感受都不能被表達。網路掀起了一股政治正確的白色恐怖，而我們都忘記了一句重要的話：「未經他人苦，莫勸他人善。」如果女人要沒有子宮的男人對經痛的議題閉嘴（的確該閉嘴），那女人也該對「身為男人」才有的體驗閉嘴。

　　女人在「關係」這個主題裡，比較容易被投射成受害者，擁有政治正確預設偏誤的庇護。所以就算男性想要訴說自己在關係中的苦，也容易被轉移掉重點而被輿論撻伐（也就是所謂很多男人忿忿不平的「性別正確」現象）。但這樣對每個人獲得幸福感是一點幫助都沒有，從仇恨與指責中怎麼可能會獲得愛呢？我們只會讓彼此都過得越來越悲慘。

　　我在身邊的許多男人們身上看到了很多說不出口的掙扎與痛苦，他們似乎也都覺得這是「身為男人」的一種原罪。不善言辭的他們只能把這些掙扎給吞下肚，因為是男人所以沒有話語權。男人因為擁有既得利益，所以被剝奪了感受痛苦的權利。

　　男人們自己大概也認為「男人不是什麼好東西」，才

會仇視與自己的女兒交往的男人們，因為自己也是如此的無可救藥。男人應該就真的如同女人們講的那樣那麼爛吧。

在我看來完全不是如此，只是擁有不同身軀的人彼此因為不了解擁有那副身軀所帶來的一切，雙方陷入的一場誤解。女人並沒有如同她們大聲訴說的那麼正氣凜然，女人比她們想像中自私，男人也同樣沒有女人大聲訴說的那麼邪惡。

事實是，我們都是一樣的。

我認為只要是人都嚮往真實、無條件的愛。但是我們所認定的「現實」有可能會讓我們覺得追求愛的自己很蠢，或是因為受了太重的傷，因此「黑化」開始仇視傷害自己的人身上有的標籤（例如性別）。

我希望更多男人能知曉愛的力量，創造更多的正向循環。過去我都在替女人找出口，這次，如果男人們有說不出口的苦，我希望可以透過這本書，替男人們說出來。

我深信真愛是存在的，我們並不是只有被壓榨或壓榨別人這兩個互相利用的選擇，只是我們都要學習如何去懂愛，而不是讓自己更加憤怒與害怕。為了迎接幸福與互相尊重的關係，我們需要面對一些真相。變得溫柔需要很大

的勇氣，但只要我們願意自己先跨出那一步，我們就能鼓
勵到其他人，進而慢慢地讓我們的世界充滿更多的愛與幸
福感。

第一章

無謂的兩性戰爭

1.

無謂的
兩性戰爭

　　既然這本書是在談「感情」，那麼就脫離不了產生「感情」的基礎，也就是「感受」。但是大多數時候，男性並不擅長談論自身感受，甚至可能根本不知道「感受」到底是什麼，也不了解這是自己是否能遇到好的戀愛體驗的關鍵（如果對方是個成熟的大人，即使是單戀也會是很美好的體驗）。

　　由於社會的架構，導致男女在戀愛市場的經驗迥異，不管條件如何的女性幾乎都會有被男性追求過的經驗，但在男性普遍的體感上，女性的注意力都集中在條件在金字

塔頂端的那 20% 的男性身上。

　　雖然統計學有它的現象依據，但個體的真相可能不見得如此。我做戀愛的過程中，發現女性真正喜歡上的男性大多不是條件前 20% 的。加上女性不被鼓勵在感情中主動表達自己的情感，所以就算男性自己被喜歡可能也不會知道。

　　我們有個普遍的迷思，就是以為男性沒有女性那般感性，認為男性就是天生的「理工腦」。但只要是人類，就不會有任何一個人一出生就懂得理性思考，我們所有人所具備的先天的能力，就是「感受自己」的能力。

　　當我們還是嬰兒的時候，我們感受到自己不開心就會哭、開心就會笑，這種天真的天性本來就不分性別。強褓時期的我們對於感受與表達，是沒有任何障礙的。因此如果我們長大後不知道怎麼感受，那只是「忘記了」而絕不是「不會」。

　　何謂感受？感受並非想法，而是當你在經歷某件事，身體與內心所產生的感覺。例如當你看到大海，「海水很藍」不是一種感受，而是一種五官對外在事物呈現狀態的觀察。「海水很藍很美」、「大海讓我感覺到神祕且澎湃」這是一種感受。

或當你遇到一個讓你覺得很討厭的人，「他很難相處」不是一種感受，而是一種判斷；「跟他相處我就全身不舒服」則是一種感受。當你要面臨一個重大場合，「我一定要做好這件事」不是一種感受，那是一個決定；「我很緊張」才是一種感受的表達。

　　擁有陽性身體的男性與擁有陰性身體的女性的確有許多不同的地方。陰性特質會更加地容易同理他人的感受與情緒，也比較有助於與他人連結跟做出合宜的舉動。陽性特質專注於完成目標與解決問題，因此較容易忽略「他人」的心情與立場，導致拙於與人交流。

　　但即使如此，那也不影響我們「感受自己」的能力，只要我們能允許自己去感受，讓情感自由的流動，我們自然而然也能發展自己的陰性特質。多多關注自己的感受，並且試圖誠實地談論它，並且對他人的感受感到好奇，這就是與人交流跟連結的方式。

　　在我的觀察中，所謂的「噁男」是一群沒有好好地被母親愛過，在現實生活的人際交往（不只跟女性）中充滿了挫折感與孤獨感的群體，因為在任何地方都尋求不到溫暖，進而對這個世界產生怨恨，並且投射在女人身上。在我做戀愛教學的過程中，也遇過許多類似心理狀態的女

性，雖然不至於到會被稱為「噁女」的程度，但就連女性跟她們相處起來也會覺得不太舒服。

我認為噁男的形成跟霸凌者的形成有很多異曲同工之妙，了解霸凌者如何形成並且同理他們的處境，才是真正能夠使霸凌現象減少的關鍵。但可惜的是擁有這樣的眼界的人並不多，隨著情緒而思考與起舞的人在這個社會還是占大多數。

責怪與妖魔化選擇作惡的人，是最方便但也最無效的做法。我們大多認為選擇作惡的人是本質邪惡，能夠不作惡的人是因為自己先天「很善良」。但我並不認為是如此，我認為能選擇善良的人是很幸運的人，因為首先他們可能擁有相對健全的家庭，擁有關心與善待他們的人。

我認為人能選擇善良，是因為繼承了他人給我們的善待，我們從善行中取得行善的能力，並不是因為我們「本質」就是善良的。我看過每一個能夠在惡劣的環境與對待中仍然保持良知的人，在自己人生中無論有記憶還是沒有記憶的嬰兒時期，至少都有被無條件的愛烙印過的印記。

拿電影人物來舉例，哈利波特雖然後來被姨丈一家人虐待，但因為他母親為了保護他而犧牲生命，讓他內心有了「理解愛」的烙印。我們會發現所有能在被霸凌、被無

視與被他人欺負及歧視的情形下，仍然不會黑化的角色，一定曾在童年的某一個時期體會過真正的愛。而我相信每一個人的本質，都同時擁有光明與黑暗，同時擁有邪惡與善良。因為我們的本質是「完整」的。

我自己光是身為女性就有種幸運，擁有女性的身軀能讓我直接免於變成噁人的機會，也就是說，我極度不容易產生噁人的特質與行為，並非是我自己努力來的，是因為我生下來就擁有女性身體的緣故。當然身為女人也有許多男性無法理解的體驗，那也是身為男性的一種幸運。我們不可否認的是，男性與女性在這個社會生活所面臨的困境跟體驗是很不一樣的，而且無法比較。

當我們舉起「正義」的大旗而情緒激昂時，會讓我們不願意面對「仇恨只會產生更多仇恨」的真相。只有當你在能夠看見「邪惡」它軟弱無力的本質，並且不再仇視它時，「惡」才會失去力量。但這並不是要人們去當聖人、聖母，或幫噁男的行為辯護，而是要了解仇恨之火真正燒傷的只有自己，攻擊也許會暫時平息特定人的行為，但長期來看只會讓情況更糟（壓抑會養出更大的惡行，暫時平息不代表問題解決了，而是更大的問題等著爆發）。

如同哈利在《鳳凰會的密令》電影中被大魔王佛地魔

入侵自己的腦袋，最後他在對佛地魔說出：「你才是軟弱的人。你永遠不會懂愛，或者友情，我為你感到悲哀。」這句話之後，成功地把佛地魔的力量弱化，並把他趕出自己的腦袋。

　　我們所有的人，都只是想被看見、被理解與好好被愛而已。

2.

觸摸
你的感受

　　我希望擁有陽性身體的各位知道一項重要的事實：容易跟女性達到交往關係的男性，通常都有相對健全的陰性特質。

　　意思是，如果兩個條件差不多的男性同時喜歡一個女性，那麼善於連結與同理他人感受的男性將會占巨大的優勢（是巨大喔，不是稍微多一點）。那些你看過不怎麼帥但卻能到處渣人的壞男人，感受性百分之百比一般男性更強。

　　陰性特質發展相對健全的男性，在讚美女性的時候不

　　　　　　　　　　　　　　　　　寫給想愛的男人們

會說「我覺得你很漂亮」，因為這句話對於一個漂亮的女生來說根本不動聽。第一點是她們已經聽膩了，第二點是很多男人在表達這樣的讚美時，心裡並不是想著「噢，天啊！她真的好美我想告訴她！」而是「說這句話可以把到她吧？」女性會對前者感到開心，但對後者卻開心不起來。不要小看女性的感受能力，女人可怕的第六感就是這樣來的。

如果是後者，會讓女人產生一種感覺：「你覺得我很漂亮干我屁事？」我很漂亮是我的優勢，**為什麼你覺得說出我身上有你想要的東西能夠打動我？**例如「我覺得你滿可愛的所以想認識你」，這種搭訕句就非常白痴，因為這句話完全沒有把對方的心情考慮進去，這句話跟「因為你很有錢又很大方，所以我想認識你」沒有差別。

但是如果一個男人是這樣表達：「我現在很緊張」，對方問為什麼時回應：「因為妳很漂亮。」雖然意思同樣是表達對方很漂亮，但這種表達方式並不會讓女人反感，就算是已經聽膩外表讚美的女生也會很開心。

或是在搭訕的時候說：「抱歉，我知道這樣跟妳搭話妳可能會感覺很唐突……但妳剛剛從我面前走過去，我突然有一種感覺，覺得我一定要來跟妳說話，不然我一定會

後悔。」這樣表達肯定比前面那種搭訕句好得多，這句話最加分的地方是第一句而不是後面那些，因為第一句顯示出至少**你在形式上有把對方的感受考慮進去。**

這樣的表達方式，是在表達你個人的感受，所以不容易產生一種「我身上有對他來說可以利用的東西」，而是他想把他內心的感受化成行動。通常一個「只是想把妹」的男人不太會用這種方式跟女人說話，除非他真的是一個非常非常懂得女人心的人（而會懂女人心的男人，肯定能高度同理女人對於感受的細膩）。

但要記得，用什麼語氣、情緒、表情、動作表達，才是真正影響話語內容怎麼被感受的因素，而你的意圖與真誠性會反映在這些非言語的訊息上。所以請你不要直接把我寫出來的句子拿去「把妹」，那樣還是把你自己與對方都機械化了。你要練習的是表達自己的感受，跟人「交流」，不是複製貼上我給的例句。

如果你是一個不懂女人心的男人，女性心裡是否真的開心，你不見得能從她的表現中看出來。就算現在跟以前比起來，好像已經進入了相對平權的社會，但還是有很多女性不太懂得拒絕別人，因此就算她心裡很不舒服，她也有可能會為了不要讓場面很難看而不拒絕或陪笑。你突然

「肢體推進」時，她臉上可能有笑容，但她的笑容跟身體都是僵硬的。

只有陰性特質發展相對健全（感受力強）的男性，才能注意到女性雖然不拒絕但內心不舒服的跡象。陰性特質會讓一個男性顯得不那麼剛硬，但並不會削弱一個男性在女性眼中的魅力（想想看那些可以被稱作花美男的傢伙們，女性們都很哈），擁有「更多面向」只會增強你的吸引力。這世界上擁有最多有魅力的男人的職業，幾乎都需要非常高的感受力才能勝任，例如演員、歌手、模特兒等等，他們的魅力並不完全來自於長相，因為並不是所有有魅力的公眾人物都是帥哥（演出奇異博士的男主角就是一個極具男性魅力但長得不帥的演員），也不是所有帥哥都能以販賣魅力當作吃飯工具。

你可以想像，如果一個女性可帥氣可甜美也可溫柔可兒人，能和諧地與男生玩在一起同時又不失女人味，你一定也會覺得這個人實在是天殺的有魅力。因此不要害怕發展自己的陰性特質，多多接觸自己的感受。真正的男子氣概，是不管做什麼、穿什麼都不會影響自己「身為男人」的男人味的一種信念，而不是做各種看起來「像男人」會做的事情證明自己是個男人。

系列電影《魔戒》裡的亞拉岡就是一個陰性特質發展得非常健全的例子。他會砍下敵人的頭顱，同時也會哭泣、寫詩、對女性彬彬有禮；會親吻兄弟的額頭，也會對沒有武力的哈比人低頭表示敬意，他仍然 man 得要命。

擁有真正男子氣概的人，不只會收服女人心，同時也能收服男人心。

如果你在現實生活認識的女性很少，或是你跟女生沒辦法產生真正的友誼的話，代表你根本不真的認識女性；請不要再依賴自己對女性的想像，別再看到表現現象就胡亂歸因，請自己真正實地去認識女性，而不是只用「看」的，請去了解女性到底會喜歡什麼樣的人與特質，跟女人成為朋友，你的愛情生活才會真正開始。

但同時各位也要知道，女性不一定會選擇自己「喜歡」的人在一起（也就是讓她們尊重且當成雄性看待，有情慾及愛慾流動的人），所以我所說的「巨大優勢」並不是指「被選擇」而是「獲得芳心」。因此被女性選擇不總是很值得高興的事，除非那位女性總是忠於她的自我感受。

我們會聽到所謂「回收業者」這種名詞，就是當女性發現讓自己情慾流動的對象並不想對自己許下承諾時，會

去找「安全牌」交往、結婚。或是在一些把妹書籍裡面看到各種發現自己女朋友說不婚前性行為但跟別人上床的案例。

就算這樣狡猾的女性確實存在，各位也不需要忿忿不平，因為那樣的女性就算跟你交往也喜歡你，對你來說也不是什麼好事。當然我能理解跟女性良好相處經驗很匱乏的男性，可能會覺得好看的女人願意跟我交往就謝天謝地了，誰管她是不是一個忠於自我的女生？

但事實上就是因為這樣，男人匱乏感到了一定程度就會變成猥褻感，「只要外表吸引我就好」這樣的「不挑」才會使得女性不想要靠近與交流，說真的跟長得是不是很帥沒什麼關係。女性中當然也存在這樣不挑「只要長得帥就好」的人，但女性並不會讓人感到猥褻，而是散發花痴的感覺。

我想要鼓勵各位男性提高標準，選擇會讓自己充滿生命力的女性，那種讓你覺得，跟她在一起世界都變得更美好了，她的存在化解掉你對世界的敵意。跟她待在一起讓你覺得好像長出一雙翅膀，如虎添翼。無論對方的姿色，也無論她帶出去是不是很有面子。如果她跟你的一對一相處讓你覺得更厭世、感覺到自己的存在更沒價值感，無論

你是否是一個受女生歡迎的男人，請你主動「淘汰」她。選擇一個讓你想回家的人，而不是為了面子選擇另外一個壓力源。

如果你無論跟哪個女人交往都覺得有壓力，或是還沒找到這樣的存在，請你繼續去認識各種不同的女性，並且增進自己與人相處跟愛人的能力。

無論是誰，都有選擇與拒絕別人的權利，不要讓任何人告訴你你沒資格挑三揀四，我們每個人都有權利喜歡讓我們同時看得順眼，也願意善待我們的人。

要建立一段健康又令人振奮的關係，你只需要遇到「那一個人」，不需要很多。機率是機率，發生是發生，機率與發生是兩個獨立不相關的事件。你需要的是讓自己的標準提高、發展你與人連結的能力，並且允許事情「發生」，不需要管這樣的女人有多稀少，或有多難遇到。

就像是樂透一樣，對「發生中獎」的人來說，不論中獎的機率多低，他就是中獎了，機率對他一點意義都沒有。尾牙中獎的機率很大，但「發生沒中」的人就是沒中，中獎機率多高跟這個人也無關。

如果要讓懂得愛人的優質女性越來越多，男性自己也要皮繃緊一點，不要再那麼隨便的對待自己，看到漂亮女

寫給想愛的男人們

生就去討好，有女生要跟你上床就覺得拒絕很丟臉。拒絕女性的投懷送抱怎麼會丟臉呢？跟誰性交這方面也懂得篩選，才真的帥。雖然社會允許甚至同儕會鼓勵你這樣做，但不代表這是健康的事。

　　讓心靈成熟、重視自己的感受，而不是總是在玩同儕間無聊的面子遊戲。男性的標準提高了，不妥協於低質感的女性，女性也才有動力檢討與進步。不過，標準提高不代表需要去撻伐與辱罵，而是靜靜地用有格調的選擇與行動，讓大環境慢慢地一起提升。

3.

選擇會讓你快樂
而不是
帶出去有面子的女性

　　現在大多數市面上寫給男性的關係類書籍通常都跟「把妹」有關，但這樣的書籍教的是讓男性追求「成就感」而不是「滿足感」。在我做戀愛的這八年中，我看過多少充滿成就感卻缺乏滿足感的男性，在學習各種技術玩遍各種女人之後，發現自己很空虛、一點都不快樂（當然直到成就感麻痺之前會以為那是快樂）。

　　當我們在鑽研如何受到異性歡迎的技術，有了許多成功經驗之後，會發現一個矛盾：我們會看輕很好到手的對象，也無法尊敬對方。雖然這些人會很喜歡我們，但我們

寫給想愛的男人們

永遠都無法從對方身上感受到被懂或被支持的感覺。這些很好到手的人喜歡的並不是真正的我，而是我為他們創造的假象。他們會中招的原因是他們的軟弱，當自己在關係裡假扮成強悍、總是操控一切的一方，那麼我們所吸引來的關係當然也就會是只能受到控制卻無法提供任心靈支柱的對象。

當你越來越掌握這些魅惑弱者的技巧，你會發現有些人，你再怎麼使用那些技巧都無法打動，他們眼中有一種你無法透過拙劣技巧欺騙的光芒，那種人才能讓你感受到溫暖與支持。她們雖然不會排斥你，但也不會靠近你。你好像永遠無法真正接近她們的內心，她好像有辦法看穿你，使你有些害怕。你內心也知道的，這種女人擁有會讓人尊敬的人格特質，不強勢卻非常堅強，若有她做你人生中的夥伴，你會非常安心。

近年來疫情帶給我們更多自我反思的時間與空間，應該有許多男性都開始發現追求空泛成就感所帶來的空虛。男性比較難以察覺自己的感受與對愛的渴望，但這並非能力的問題，而是社會大環境對於男性發展這個面向並不友善，而且跟陽性能量運作的傾向（傾向於集中精力追逐目標而非放慢腳步感受過程）也有關聯。我想在疫情發生之

前，這本書應該不太會有市場（笑）。

當你以為你玩遍各種女人，事實上你根本沒有玩遍「各種」女人，你玩的就只是「不同長相與身體的同一種女人」──不珍惜自己與充滿自卑感、不懂得愛人與被愛的女性。這種女性可能是很漂亮的，也有學歷很好的、工作能力很強的，看起來好像「不應該」自卑的女性。但你會發現，這些女性能帶給你的感受都是差不多的。不論性別，只有當一個人成為了一個懂得自愛的個體，才會擁有真正的多樣性，才能帶給他人屬於「這個人才能創造」的獨一無二的感受。

美貌與成就從來就不是能支持人心靈健全的元素，反而自卑感越重的，可能會越在乎美貌與成就。如果他們又剛好是努力證明型的人，就會讓自己光鮮亮麗沒有破綻。因為心靈不健全、無法愛自己也無法去愛的女性，雖然相處不怎麼快樂，但帶出去也會「很有面子」，而「面子」就成為男人的逃避現實的鴕鳥洞。因此許多男性會流連在對成就感的無盡追逐中，不斷地跟自己無法尊重的女性持續糾纏。

至少在我看來，所謂的壞男人都是懦弱缺乏勇氣，無法面對自己的可憐人。事實上他們就是柿子挑軟的吃（專

挑心靈不健全、不懂得自愛的），被社會的框架束縛，不潔身自愛還沾沾自喜，還以為自己很有實力，把別人都當白痴，對世界跟他人缺乏敬意，一群活在自己世界的草包罷了。

就和任何的癮頭一樣，忽視自己內在感受的空虛與不滿足，不斷地用追逐的刺激來麻痺自己。沒有勇氣放下自己的成功經驗去追求自己真正想要的關係。因為愛會讓人失去控制，我們都害怕失去掌控的感覺。而任何會玩弄女人感情的男人，心裡都有被女人傷害過的傷，女人會傷害男人也同理。

當我們忽略自己的感受，使用各種技巧來刷自己的「戀愛經驗」的人頭數，把女性當成練等的木樁，毫無生命力跟真心的台詞與套路，像耍猴戲一般演一場滿足於缺愛女孩對愛情幻想的戲，這之中沒有「你自己」的存在，只剩「有用的招數」。反而當要用「自己」跟別人相處，要你把對方也當成一個有自我感受的人尊重，就什麼都不會了。

什麼餌就會釣到什麼魚，聰明的你覺得用這種方式所吸引到的對象，會是怎樣的人呢？不會天真的覺得女人真的都那樣吧？人的眼界要有多狹隘，多活在自己的世界，

才會覺得人人被當成木樁都不會發現，還傻傻地感到開心呢？

　　但我並不是要鼓勵大家不要追求成就感，趕快投入尋找真愛的行列。因為在我看來，想要的東西無論對自己是不是有助益，我都覺得要先用力嘗試，等到自己甘心了才會真正放下，靜下心思考自己真正想要什麼。

　　對於擁有陽性身體的人來說更是如此，大概要等到這種成就感漸漸麻木之後，才會想要追求滿足感。當然如果你是天選之人，你可能不需要經歷這種迷惘，就能知道你是想要一段令你滿足而不是成就感的關係。知道你想要的不是能夠控制、征服軟弱的女性，而是一個能跟你旗鼓相當，能夠給你支持與愛的女性。

　　　　　　　　　　　　　　　　　　　寫給想愛的男人們

4.

男人不壞女人不愛？
（PUA 有用的原因）

「男人不壞，女人不愛」這句話是真的嗎？

我認為部分真實，但這句話扁平化了許多真相。我猜這句話大概是感情不得志，看事情也只看得到皮毛的人發明的吧？我認為這句話應該要改成「男人無聊，女人不愛」。

很多自認為好男人的人其實只是無聊的男人，並非是「好男人」。跟我們常聽到的「男人有錢就作怪」同理，無聊是因為沒能力壞，不代表「不想壞」，因為沒能力壞所以看起來「不壞」的人基本都是偽善者。有錢了就作怪，

就是因為原本不作怪是「不能作怪」而不是「不想作怪」。

　　我認為這個道理其實也適用於女人，只是因為男人對於談戀愛的標準普遍偏低，不管多無聊的女性只要有點姿色還是會有人追求。女人也以為自己很專情，但那是因為面對來追自己的男人，大部分都沒有心動感，如果同時有好幾個自己很心動的對象來追，狀況就不一定相同了。

　　壞男人看起來受歡迎是因為現在大部分女性接觸到的男性都是「無聊的男性」，性格扁平、講話不有趣、不面對自己、不求進步、不懂得反求諸己、只要面子不要實力、假裝有品味品格，卻以為別人看不出來是沒深度沒內容。很多男人會以為自己很有趣，並把無聊當有趣。壞女人受歡迎的原因也同樣是因為相處起來比無聊的女人「有趣」。

　　女人在「變得有趣」這點上不思進取，因為擁有「很多人追求自己，就以為別人喜歡的是自己」的幻覺。但女人容易在形式上成為感情中的受害者，因此更會因為「受不了自己的際遇」，而更有動力挖掘「自己到底怎麼了」。

　　男人則是在「知道自己要什麼」這點不思進取，男人在感情中容易成為加害者，更容易覺得「男人就是這副德性無藥醫」，而不去思考要怎麼療癒自己、學習愛人。或

是在一群無腦同儕的吹捧之下，只要「面子」顧全了，就可以躲進自己的烏龜殼裡。

女人跟男人的困境不太一樣，女人的困境是如果自己有姿色又有趣，在感覺上反而「選擇變少」。並不是追求自己的人變少或條件差，女人個體化之後通常知道自己在感情中想要什麼，不會浪費時間跟無法與自己勢均力敵（這跟條件無關）的對象相處，而能與自己勢均力敵的男性又偏少（真正會去深層自省跟學習如何去愛的）。

男人的困境是如果自己有姿色又有趣，反而是因為「選擇太多」。由於沒有練習觸摸自己的感受、發展自己的陰性面，所以會因為不知道自己要什麼而更加空虛迷茫。因為陰性面發展不足，想像力貧乏，直接依照「目前為止所遇到的女性」來斷定女性是什麼樣子，自己從來沒從女性身上感受到真正的愛與支持。但矛盾的是，幾乎所有女性都堅信她們懂得如何愛與支持伴侶，更因此對愛情感到絕望。雙方的困境都來自於雙方陰陽面發展不平衡（關於陰陽的特性在下一章會解釋）。

5.

何謂「有趣」？

　　有趣並非一定要講出什麼好笑的梗，而是你有沒有能力給出「刺激」。如果一個人有一套自己的核心思想與哲學，不是害怕別人看不起他，不會為了博得異性的青睞，自己的所作所為也不受到他人的牽制，那麼就符合「有趣」的定義，因為這個人獨特的世界觀與他人碰撞時會產生許許多多的刺激。

　　會讓女性覺得「無聊當有趣」的男性，大多根本不知道別人是怎麼看自己的，不懂得觀察別人對自己行為的反應。他們不理解這個基本道理：別人的感受跟自己不見得

寫給想愛的男人們

一樣，不是自己覺得有趣，別人就會覺得有趣。

　　想要在跟他人互動這件事上獲得成功，就不可以把自己的想法加諸在別人身上，或擅自想像別人對這件事的感受。把妹書裡常提到的「極端自我」，並不是把自己的想法加諸在他人身上。「堅持自己的思想」與「認為別人的想法應該跟自己一樣、擅自預測對方的感受」是完全不同的兩件事。很多男性會在實踐極端自我的過程中大大的翻車，因為搞不清極端自我其實沒有要同化他人的意思，而是指別人可以有自己的想法，只是跟自己無關。所以有些人的極端自我能吸引到一堆人，有些人的極端自我就是很討人厭而已。

　　把妹招數對於吸引心靈不健康的女人來說是很有效的，但遺憾地，因為大部分的男人都沒有自己的獨立思想，所以也被女人的看法給牽制。對於女人來說，無聊就是「無感」，就算不舒服至少「有受到刺激」就能獲得一定的注意力與機會。而把妹招數所創造的不舒服，正好又激起內在不健康的女人的自卑感，讓她產生某種不甘心的執著，並誤以為這是愛情的效應。

　　自然地，壞男人在一群無聊男人中間就產生了優勢，至少壞男人有在「想玩弄女人」這方面尋求進步，至少他

願意盡最大的力氣假裝有一套自己的思想，並且真正地付諸實踐、承擔被拒絕的風險。了解女人喜歡聽什麼、感受什麼，願意花錢打扮，說白了這就比無聊男人強得多。

女人可以很明顯的感受到男性是否是在配合自己，要是女性感受到對方太受到自己的牽制，就會被歸類在「無聊」的族群裡。但這並不代表女人不想要被善待，而是女人希望你善待她是因為你「想要且喜歡」這麼做，而不是為了換取她的喜歡。

這也是為什麼會產生「好人卡」，因為那些好人的「好」讓人壓力非常大。而女性為了不要讓場面太難看或被攻擊，所以只好說「你是好人」，讓龐大男性族群誤以為女人不喜歡「好人」。但女人不是不喜歡好人，是不願意戳破真相，真正的意思其實是「你是個無聊的人但我不想戳破所以我只好說你是好人，對我好不代表我應該要喜歡你，請你停止這種情緒勒索的行為。」

女性在拒絕「真正的好人」時，並不會官腔地發對方好人卡，可能會說「謝謝你喜歡我」、「你喜歡我讓我很開心，但我無法回應你」這類相對真誠的拒絕。因為對方的好是真的好，真的有讓女性感動。

至少實踐把妹招數的人，有刻意地在行動層面不去配

合女人，雖然這大多是一種拙劣的偽裝。如果連拙劣的偽裝都看不出來，那此女性必然不具備愛人的能力，因為能夠愛人很重要的一點就是能夠看清與了解他人的真實。

這其實不分男女。我身為女性課程的講師，一路上也看過很多同樣「無聊」的女性，她們在兩性市場並不受到歡迎，她們同樣也自認為是不會占男人便宜、不會玩弄男性感情的「好女人」，並且對於壞女人能壞這件事忿忿不平。

但事實上她們連壞女人都不如，因為能得逞的壞女人肯定是提供了男性想要的某些價值，所以才願意忍受她的壞。而這些自認為是「好女人」的女性，就是想要把自己認知的好加諸在別人身上，不想了解男人的需求與感受就算了（不想了解當然也就無法提供），還要怪男人感受跟自己不一樣，暗自罵男人不長眼睛，當然會不受歡迎。

在這些無聊女人眼中，男人也都「只愛壞女人」。身為男性的各位，有覺得男人也都「只愛」渣女嗎？如果不覺得男人都只會欣賞賤女人，那麼覺得女人都喜歡壞男人也就不合理。

然而，這些跟異性缺乏真實相處經驗的男人女人，所吸收的資訊大多都是從網路上來的。我們在網路上所看到

的，不是各種放閃然後又分手大罵對方的，就是各種誇張的出軌、玩弄感情、被過分的女性當提款機等等事件，讓這些都從網路上吸收資訊的人以為真實世界跟網路所呈現的是差不多的，他們會覺得為什麼每個人都要喜歡這些爛人？為什麼這些爛人能夠有男朋友、女朋友？為什麼大家都識人不清？

首先是因為這種八卦才有流量，健康的關係通常都不會有很多 Drama。再來是真正相愛的情侶真的不會在網路上說他們有多相愛，或是需要跟別人展示、炫耀自己擁有的關係。真愛有種力量，就是可以讓人「下線」，真正生活在真實世界而不再網路成癮，至於為什麼？等你們自己去體驗就會知道了，體驗勝過千言萬語。

女人的確會注意到壞男人，但是女人並沒有「都愛」壞男人。並不只有壞男人受歡迎，只要生活豐富、有中心思想的人都會如同壞男人一樣受歡迎。受歡迎的人裡面，有品德好的，也有品德不好的，而因為品德好的人懂得過濾、拒絕與避嫌，根本不會有什麼奇怪的八卦與風波，也因此在感覺上，我們會覺得壞男人拿到了大部分的好處。

PUA 有用的原因是利用女性的自卑感，但被自卑感控制還不自知的女性其實是不適合當伴侶的（如果你的目

的是創造一個雙贏的關係的話）。講難聽點，不管是男性還是女性，被自卑感控制的人，客觀來說都容易無意識地拖累對方，給對方的人生增加更多重量。

想要雙贏的關係，無論男女，先療癒自己，對自己有一定程度的自覺與感受力，絕對是第一要務。

也許男性在體感上會覺得自己才是沒有選擇的人，但體感上覺得自己只能被選擇的女性也非常多。我們都希望能遇到一個能夠觸動我們內心的人，PUA 提供的就是一種類似雲霄飛車般那樣的情緒刺激，使得這種精神虐待的感覺與內心被觸動的感覺混淆了。

如果真正感受過內心被觸動的感覺，會知道雲霄飛車式的情緒刺激與內心觸動的感覺完全不一樣，但為什麼會混淆呢？很高機率是因為從小我們的父母傳遞給我們這樣的訊息：「這種不舒服的感覺就是愛」。

被羞辱與責怪是愛；我要你滿足我對你的期待是愛；我讓你感覺到不安與不被理解是愛；你滿足我時，我對你好是愛；你如果覺得不舒服那你就是不孝，父母永遠是對的。我們總是在追逐父母的認可，因此會認為讓我們產生自卑感的人就是我們應該要努力取得認同的對象。

PUA 說白了就是在複製不懂愛的爸媽對待我們的方

式，不斷地去複製與追逐這樣的對待，其實我們內在本來對於愛的定義早就混淆了。我們被教導不可以相信自己的感受，而是要相信能夠控制我們情緒的人的說法。要是我們總是被洗腦「家就是我們的避風港」（應該是避風港才是真正的家）、「天下無不是的父母」，習慣這種不舒服就是「家」的感覺，我們就會以為被這樣對待的感覺就是愛情。

很遺憾的，目前我們的社會被自卑感控制的女性仍然非常多，所以 PUA 雖然不是什麼好東西，但它有用這件事是無可否認的。

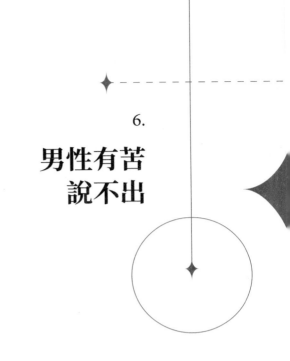

6.

男性有苦
說不出

　　自卑的女性在感情中都是願意付出的，而且願意做很多事情，因此女性很少承擔在關係中「渣」的罵名。但是這些付出都是為了要交換，換不到就情緒勒索、限制對方的自由。為了把對方套進自己幻想的人設中，就算看起來付出再多，也都只是為了滿足自己的慾望。

　　我想這也是為何紅藥丸在過去幾年崛起的原因之一，在所有人都將問題推到「直男」身上時，勢利眼的女性仍然勢利眼，而不勢利眼的女性個個又變得敏感又具攻擊性。在這樣的世道之下，如果我是個男性也容易變得憤世

嫉俗吧。我並不是認為女性不能夠憤怒，我們永遠都可以允許自己憤怒，但我不欣賞這種認為世界跟異性應該承受自己的憤怒的態度。

　　我個人認為我們面臨的這些問題並非只有男性需要負責，只因為女性所要擔的責任並不明顯也很難觀察到。但關係的真理就是一句「一個巴掌拍不響」。（到這邊應該會有很多女性會覺得：天啊！你怎麼可以說受害的我有責任？）

　　這讓男性很難開口描述自己的困境，因為這樣就會顯得自己是個不懂感恩的混蛋。要讓一個總是在付出的人發現自己其實很自私是一件很困難的事情。就像是我們跟我們母親的關係那樣，我們的母親是那麼地為家庭付出，但她不見得想理解孩子是什麼樣的人、想要用什麼樣的方式被對待。她只想做好「母親」的角色，而不是真正去愛自己的孩子，甚至她愛的只是「她的孩子」（或是乖巧的孩子）而不是你這個人類、不是你的真實、不是你的全部。

　　我們的自我像是被母親吞噬一般，連抗議都很難說出來，因為母親是那麼「辛苦」的養育我們。但身為孩子的我們都知道，我們希望母親開心，而不是辛苦。更不想要她自顧自的選擇辛苦之後，還怪罪別人讓她很辛苦。最讓

人痛苦的是因為母親妥妥的「政治正確」立場，讓她更難以自我覺察與自省並改變。

　　女性在感情關係中也時常如此，站穩了「受害者」與「政治正確」的立場，「性別正確」使得女性自我醒覺的空間變得極度狹小。但「受害」跟「弱勢」就只是弱勢跟受害，並不等同於「善良可敬」。

7.

我爸媽的故事

　　這邊我要出賣我爸媽，講一下我爸媽的故事。我爸是一個無法深入思考事情，非常單純到有點愚昧的那種男性，是一個內在仍然是屁孩的中年人。但他活在自己創造的謊言裡，以為自己是一個充滿威嚴與正氣的男人。

　　他大概永遠都不會是個好爸爸，因為他不是一個能夠負責任的人，也總是打腫臉充胖子。但這樣的男性只要遇到了性質偏現實且了解男人傾向、懂得控制男人的女人的話，應該就會被吃得死死的，會是怕老婆但也過得還算幸福，懂得對老婆好，或者可能不解風情也不懂得滿足老婆

　　　　　　　　　　　　　　　　　　寫給想愛的男人們

的情緒，但仍然還算過得去的那種老公。

　　但偏偏他遇到的是我媽，一個會縮小自己、委屈自己來配合愛人的女人。我知道我爸是需要被控制的類型（雖然我爸表現出不想被任何人控制的強硬，但我知道他非常吃女人那種軟性的「馭夫術」）。然而我媽卻非常怕他，所以使得我爸內在那個屁孩越來越囂張，最後變成了一個任誰聽都會覺得他是個爛老公的人。

　　我知道我爸並不想要變成一個爛人，他的本質並不爛，也很容易滿足。只要我媽一直有意識的讓他「有目標可以完成」，而不是什麼都幫他打理得好好的，又在不對的地方順從他，可以說我爸的爛源自於我媽的放任。

　　我爸也不是因為他不在乎我媽才爛。我知道他非常在乎我媽，但他不知道要如何控制自己沒被滿足的慾望。他想在乎卻無門而入，因為他是個被慾望控制的男人。只要我媽懂他，像了解一隻野獸順他的毛，讓他以為他自己掌握一切，事實上是我媽在暗地裡駕馭他的話，我爸並不會變成一個爛人。（雖然我自己並不覺得這樣是健康且值得嚮往的關係，女人也會過得很累，但至少形式上也算是雙贏。）

　　由於我爸並不是一個能夠深入思考與自省的人（但我

媽有這樣的能力），就跟任何男孩一樣，需要媽媽的管教才會乖乖的。所以他只能「回應」創造給他發揮的空間。我媽認為自己不值得被愛，對我爸有一種幻想，而無法看清他的本質，她只相信自己的幻想而不願意去認識我爸真正的樣貌。

我能看見我爸的痛苦與掙扎，但道義上我不能站在他那一邊，也不能告訴他我理解他的痛苦，因為他的掙扎跟痛苦是他連自己都無法面對與承認的。事實上他也的確做了很多很過分很不負責任的事，我媽承擔了非常多，算是一肩扛起這個家跟養育我的責任。所有實質的錯都在我爸身上，但我知道我爸會變成爛老公，並不單單是我爸的問題。

我甚至知道在他們的關係中，能掌握這段關係的關鍵分明在我媽手上，但她的自卑感無法看清楚自己身為女人的力量，她害怕且對男人有很多誤解，並誤以為自己就是而且只能是受害者，只要她一轉念就能讓所有人皆大歡喜。

我媽雖然是受害者，但我並不認為我媽受我爸欺負就等於她是一個善良的人。她雖然的確是善良的人，但卻不體現在跟我爸的關係裡。在愛情裡，她是個鄉愿與偽善

寫給想愛的男人們

者，是個不願意理解愛人感受，並且會批判對方真正想要的東西的缺愛女孩。明明內在有很多不滿卻欺騙自己是心甘情願的，只是為了「想當個好人」或是「不要得到惡報」才選擇良善，而不是發自內心的想要這麼做。

　　而大部分男人在關係中的不滿足，就是因為女人不相信自己對男人的影響力，堅持要做個「弱勢者」與「受害者」，無意識地讓自己把男人放在敵對的位置，才會讓彼此都這麼痛苦。這也許對自尊心比較高或想要貶低女性的男性來說難以接受，但事實上真正決定關係的走向的是陰性的存在。

　　我並不是說這一定是「女人」，因為同性戀的關係中也存在這種陰陽能量交互的定律，而是在關係裡面呈現出「陰性面向」表現的那一方，這是萬物生成跟產生能量互動的自然定律。然而每個人在每一段一對一的關係裡，會因為個體之間化學反應的不同而扮演不同的角色。

第二章

真正的愛情
是存在的

1.

陰陽的
自然定律

　　「感受」其實是有它的邏輯的，但它是右腦的邏輯而非左腦的邏輯。左腦的邏輯是物理學的邏輯，而右腦的邏輯則是心理學與象徵學的邏輯，它被普遍用在藝術發展的領域上，如同我們常看的動漫、電影等作品之中。

　　陽性是目標導向，並以此目標作為原動力，產生出行動與解決方案。但陽性並非提出問題的那方，這也是為什麼擁有陽性身體的人思維都比較直接單純，不像擁有陰性身體的人，會想出「我跟你媽掉到水裡你會先救誰」這種讓你覺得這種到底從哪來的假設性問題。

寫給想愛的男人們

因此我們可以感覺到，「想像力」是一種陰性的特性，更擅長產生突破性、概念性的思維，它並非「目標」導向，但擅長描繪「願景」。願景與目標不同的地方在於，目標專注於現有的資源與可能性上，是具有建設性的；願景則是突破限制，對現狀具有破壞性的想像。

　　陽性會依賴且受限於過去的經驗，因此不會要也不會去想到比自己體驗擁有過的更好的。這也是為什麼擁有陽性身體的人比較不會意識到自己想要愛與幸福，而擁有陰性身體的人更容易意識到自己對愛情的憧憬。但也正是因為這種概念性的憧憬，陰性才更加容易忽略眼前的人的真實，而陽性會正視「現有的」並且「滿足於現有的而不去改變它」。

　　陰性因為擅長想像，所以她會隱約「知曉」那個被稱為「愛」與「幸福」的感受，只是尚未體驗過。對陽性來說，因為那或許是自己沒體驗過的東西，陽性大多只會追求自己有過最好的，或是增加更多自己認知最好的，直到那個「最好」已經不再給予同等的良好體驗。理由有可能是因為一直提供自己追逐刺激的陰性存在，突然占據了陽性角色反過來追逐自己，而自己並不享受在這段關係裡被追逐的角色。或是突然經歷了打破自己過去經驗的全新體

驗。

　　如果要比喻的話，就像是馬的前面吊了一根胡蘿蔔，陽性不會去想「有沒有更好吃的胡蘿蔔或更大隻的胡蘿蔔」，而是不斷追逐這根胡蘿蔔直到得到。想像「現有」以外的，會去想「我真的要繼續追逐這跟胡蘿蔔嗎？會不會有更大、更容易取得的？」這是陰性特質。

　　但是，體驗過「最好」的並不代表能夠讓我們真正感到滿足，所以有些男性會有想要三妻四妾的夢想，因為他「增加」他認知裡最好的。為什麼要「增加」？為什麼不是想像這些他要的特質全部會在同一個人身上找到呢？因為他沒有遇過，他會以目前已經有的經驗去解決問題，而問題就是：目前所有我遇過的關係都不曾讓我完全滿足，有些人只有這個優點、有些人只有那個，那麼解決方法就是把這些人都變成我的。

　　事實上，使他不滿足的並不是因為「只有一個」，而是**他與任何對象都沒有真實的連結**，因此再多的女人都無法讓他滿足。（真實的連結會讓人不再只專注於自己的滿足，而是連同對方也想要滿足。當一個人開始體會到奉獻的快樂，一對一的關係就不再違反此人的人性，而是極度合理的選擇。這並非因為要遵守規範而選擇一對一，而是

　　　　　　　　　　　　　　　寫給想愛的男人們

他開始理解到完整的個體的無限性，無論是在自己身上還是對方身上。）

這也是為什麼擁有陽性容易讓陰性感覺到「得到了就不珍惜」的感受，因為陽性是在回應陰性所提供的「空間」。當陰性創造了「追逐」的空間，陽性就會追逐，當陰性喜歡上陽性之後反過來追逐陽性的認可，陽性突然被特定陰性剝奪了追逐的目標。他的感覺就會立即的改變，注意力突然就無法集中在對方身上了，單純地就本能去找其他陰性創造出來的空間繼續追逐。他自己也會納悶，為什麼我之前不需要努力就那麼喜歡她，現在再怎麼努力也無法產生同樣的感覺呢？雖然他其實並不想要「對自己的伴侶沒感覺」，但他就是沒感覺了，那又能怎麼辦呢？

如果一個男人的陰性面有被充分的發展，他就會停下來思考自己為什麼一直在這樣的循環裡面。他會去思考當伴侶說「我愛你」的時候，自己是不是真的有感覺到愛，而不是一邊盲目相信因為伴侶為我犧牲奉獻所以我一定得認為他愛我，一邊產生罪惡感，一邊做出「男人果然就是爛」等自我批判的結論。最後不是隱瞞自己的伴侶然後漸漸疏遠封閉自己，不然就是放任自己感覺變了，讓自己去追逐其他能給自己刺激的對象，欺騙自己的伴侶。

最終他可能會因為被經驗法則的框架限制，得到一個錯誤的結論：「我永遠無法在女人身上尋找到愛情。」因為他覺得女人永遠無法看見他內在的真實，不想接納真正的他，也無法理解他想被愛的方式。

　　如果他有接觸自己的感受，他會發現：我喜歡的是追逐獎盃的感受，而非眼前這個「個體」。

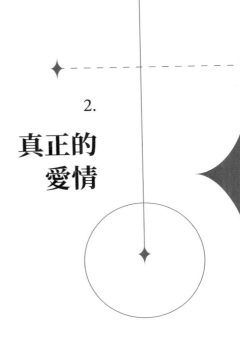

2.
真正的
愛情

　　過去當我在為女人講課，講如何維持我們對男人的吸引力時，我總是會說：「要當吊在馬頭前的紅蘿蔔，讓他永遠吃不到。」這的確是一個維持吸引力的有效方法。如果我媽媽不懼怕我爸就可能創造這樣的關係，而像我爸那樣的陽性並不會意識到這樣的框架的問題，他只會像一隻笨狗一直追著丟出去的球，到死了也不會有任何怨言。

　　雖然那樣做我媽可以得到好的對待，我爸也會一直覺得自己很愛我媽，也能滿足他對於「當好男人」的自我期待。但對我來說這並不真實，也並不是愛，那只是讓關係

不要破滅的方法而已。

　　為什麼陰性認為自己需要去創造追逐的空間？創造一個「對方比較愛自己」的狀況然後永遠處在占上風不會被背叛、受傷的位置？那是一種控制，那不是愛。或許上一代的許多女人選擇了「愛我的人」而非「我愛的人」，利用男人的單純，也就這樣平淡安穩過了一生，或許這善意的謊言對誰都沒造成傷害。

　　我認為這一代開始，男人也正在慢慢接觸到自己的陰性面，現在已經不是那個陽性肌肉發達而陰性肌肉萎縮的時代，男人已經沒有以前那麼好騙了。

　　至少在我的眼中，選擇真愛而非「安全的謊言」的時代來臨了。我會教女人要做個胡蘿蔔，是源自於我自身害怕他人的自由意志，害怕不能掌控他人，因為我無法在不控制對方的狀況之下給予信任。

　　那就像是若這世界上真的有讓人可以愛上你的藥水，你使用了它，讓某個人失去自由意志的選擇而愛上你，那是真正的愛嗎？當藥效退了會發生什麼事呢？它就跟PUA一樣，是創造**有效果的謊言**。

　　如果我要一直當那根胡蘿蔔，實踐著「不能對男人太好，不然他會爬到你頭上」的信念，那代表我永遠不能讓

　　　　　　　　　　　　　　　寫給想愛的男人們

對方認識真正的我，我永遠不能掏出我的真心對他好，不能讓他覺得安全，不能讓他覺得真正的被愛。我只能永遠當一個虛無縹緲，一個讓他永遠摸不透、永遠被追逐，而不是平行走在一起互相扶持與信任的存在。**這是我要的關係嗎？**

不，我想要的是真正的愛情。

我開始質疑自己原有的信念，為什麼不能對男人太好？是因為男人本身的劣根性？還是因為這個框架本身就出了問題？有我沒看到的盲點嗎？我最後終於解開了謎底，原來「對男人太好，男人就會拿翹」的那種關係，光是「出發點」跟「喜歡對方的原因」就已經偏離了愛的軌道。

真正的愛情應該是同進退的關係，我對你越好，你也會想對我越好。我靠近你而你也會靠近我，而不是我靠近你，結果你想要跑，然後我想跑的時候你才來追。原來真相是，會玩你追我跑、權力遊戲的關係並不是愛的變質，而是這段關係從頭到尾都不是屬於愛的領域。

那為什麼會出現這種「對你越好，你對我越差」的現象呢？

陽性除了目標導向之外，也有「獨立跟分離」的性質，

陰性則是「合作跟合一」。當這樣的特性因為受傷而黑化時，陽性會轉化成在關係中「把人**推開**」，而陰性則是在關係中「把人**吞噬**」。

我們會把需要與依賴誤解成愛情，就是因為我們內在受了傷。而受傷的陰性會試圖用「付出」控制與吞噬陽性，用非常政治正確的方法來情緒勒索，希望陽性永遠不要離開自己。而陽性為了抵抗陰性創造出來的這種空間，則會讓自己做出破壞關係的行為。

當陰性因為「恐懼對方離開」而對對方好，就會引發陽性內在的不適感與抵抗。但他無法表達這樣的不適感，因為不管怎樣表達都很不政治正確，不管怎樣說自己都像是個壞蛋而且很犯賤。

這樣看起來很像因為陰性想控制，所以才造成陽性想逃跑，這樣描述起來很像是陰性的錯。但實際上並非如此，雙方會被彼此吸引，就是為了演出這樣的劇本，只是在時間線前面的事件扮演起像是因的角色，在時間線後面的事情看起來像是果的角色。

真正的原因是陽性與陰性都缺乏**善待自己**的器量，所以才會結合。陰性並非真心想對對方好，而是為了對方不要離開才這麼做，她背叛了自己的感受而聽命於恐懼的控

制。就算今天陰性是健康的個體，不是因為「恐懼對方離開」而對對方好，陽性也會感到恐懼想要逃跑，因為他覺得自己並不值得這麼好的對待，只是這樣特性的人們容易互相吸引。

今天如果想控制的受傷陰性遇到健康的陽性，陽性不會逃跑也不會傷害對方，會用溫暖的方式感謝對方，並收下對方的心意，但該劃清界線的，他會劃清界線，不會利用對方對自己的情感占對方便宜。

但受傷的陽性會這麼做，因為他會給自己一個「反正是她自己願意的」的理由來利用對方。舉例來說，明知道自己對對方沒意思，但也知道對方想用獻身的方式來綁住自己，知道這女生之後一定會受傷，他也不會拒絕對方的獻身。

基本上，兩個受傷的陰性與陽性湊在一起，就算是認真交往，也會成為互相利用的關係。無論本人是否願意承認，既然是互相利用當然就是以「自己的感受」為主而非對方的，只要自己感到受傷就有了傷害對方的理由，也就無法成就雙贏的關係，是非常合理的事。

3.

陰陽
不等於男女

　　陰性的主題是接收，而陽性的主題則是給予。這個部分可以從陰陽身體結合的方面去理解，由突出的性器官置入凹陷的性器官中，這就是大自然的設計。當一個新的生命要誕生，需要陰性身體的子宮作為接收與養育的容器。陰性的身體在懷孕期間需要休養與照顧，則由陽性則提供照顧與資源。

　　陽性透過解決問題來獲得成就與價值感，這也是為什麼很多男人喜歡追逐刺激。而提出問題的則是陰性，你可以直接直覺地理解：決定陽性會去哪、達成什麼、變成什

麼形狀，其實是陰性的存在所決定的，尤其在愛情關係裡。陰性想要的，由陽性去滿足，而陽性滿足於完成那個目標及獲得陰性的回饋。

我記得有個喜劇演員說過：「如果這世界上沒有女人存在，這世界就不會有任何發明，男人即便活在紙箱裡也能滿足。」陽性的所做所為，喜愛賺錢、買房買車，都是為了去滿足與保護陰性的存在，那不一定是戀愛對象，也包含母親與姐妹。

我認為這句話有部分的真實，但這些是對陽性特質的描述，並非「男人」。

我們是人，我相信人的本質是「靈魂」，靈魂能使用各種不同的載體作為體驗這個世界的媒介，靈魂可以用陽性的身體，也可以用陰性的身體。我們的本質並非我們的性別，但生活在這個世界就需要用身體當作載體，我們使用的身體有明顯區分的性別，我們的身體大大影響我們體驗與接收這個世界訊息的方式，當然也包含我們被這個世界對待的方式。

因為所謂「給予」與「接收」沒有文字描述得如此單純，給予溫暖的感受也是一種給予。母親照顧孩子時也是一種陽性的表現，母親也會因為在與孩子的關係中展現陽

性特質而獲得幸福感。重點其實都不在我們到底是陽還是陰，而是在此時此刻誠實地面對自己的感受，拋棄政治正確、拋棄任何既定的價值觀，認真問自己的感受與身體：我「當下」到底怎麼樣才會感覺到真正的滿足與幸福？

陰陽的自然定律不只體現在男女情愛關係之間，它也體現在任何關係之間，同性間的友誼、異性間的友誼、不同物種之間的友誼，它屬於這個世界的規律。

要記得，當我們面對不同對象、不同情況，亦或是相同對象同樣情況但不同時間點，我們的感受會跟著這些條件的改變而改變，那跟你所認知的「自我」應該要是什麼樣子毫無相關，你需要的只有「誠實」。我們每個人都擁有同等的陰陽特質，差別只在於我們在成長過程中有沒有好好的發展它。就像肌肉一樣，你不用它，它就會萎縮。

4.

由女神引領的
神性性愛體驗

　　如果在關係中，陰性角色懼怕陽性角色，關係自然就不可能長成健康的樣子，因為陽性基本上是追著刺激跑的，不會去長遠地思考行動後續的漣漪影響，或是概念性的好壞對錯。只有陰性散發出「願景力」時，陽性就會跟著陰性所創造的「願景空間」並盡全力達成（「你讓我想成為一個更好的人」就是這種效應）。

　　但這種願景力並非一種教唆或命令，基本上陰性對於陽性的帶領是一種無聲的引導，更像是一種精神的象徵，而非一種將軍式的指揮。就像是在性愛中，女性因為了解

自己身體的愉悅，而用一種能量的流動引導男性滿足自己，並用自己舒服時的叫聲與氛圍引導男性理解如何與自己融合。

只有當陰性在性愛中敞開，並且理解陰性的力量而非誤解了陽性的領導方式，只有在陰性用溫柔且敞開的能量帶領之下才得以知曉何為「做愛」的藝術與美好，而不是純粹肉塊碰撞的活塞運動，將陽性對於慾望滿足的理解提升到美與精神滿足的層次。

我們前面說了陽性擁有敏銳獸性般的直覺，而陰性創造了什麼樣的空間給靠近的陽性發揮，也是陽性直接不用思考甚至沒有「意識」就會直接接收的。有點像是當我們在看奇幻電影，若電影拍得引人入勝我們會直接被帶入故事的世界觀中，直接沉浸在那個世界裡，那是不需要經過思考與意識調整的。

至少在性愛裡，當陰性拿回自己的力量，用信任與臣服來引導陽性，用身體的表現跟能量流動來告訴他，他的本質是被接納的、不被懼怕的，他是被愛著的。你們的性不是因為自己需要陽性的認可，也並非是懼怕對方的權力的服從。性愛只有在這種情況下，才會變成一種全方位滿足的神性體驗。

　　　　　　　　　　　　寫給想愛的男人們

這是把愛的能量用性傳達的體驗，陽性會被這樣的體驗轉化成強而有力的存在，讓他可以直接突破許多想像的限制，並且產生深層的療癒（我不是在開玩笑，性是生命的源頭，能夠造成我們最深的創傷，同時也能提供最強而有力的治癒），用身體了解如何去愛與保護自己及他人。

5.

現實女／
缺愛女孩／完整的女人

　　這邊我們定義一下這本書寫女人的定調，首先是會想刻意利用男人的「現實女」，再來是常見的尚未尋找到自我，在關係中時常跟伴侶「無意識」的互相消耗的「缺愛女孩」，以及擁有健康的自我界線並且懂得給愛的「完整的女人」。

　　在現實女、缺愛女孩跟完整的女人裡面，都有各種不同的長相樣貌，這並非是用姿色去區分的分類。但你可以明顯地由你的直覺感覺到，完整的女人會給你非常舒服與安定的「回家」的感覺；有手腕的現實女其實很知道男人

要什麼（她們也願意給），可以讓你明確地追逐刺激但沒有支持；而缺愛女孩可能除了姿色、成就感與好控制的安全感以外，沒什麼可以提供給你的。

現實女已經放棄對愛情的憧憬，覺得男女之間只有交易的存在，所以她不會對愛情抱有幻想。因為現實女認為關係就是交易，所以她就算心裡不在乎對方想要什麼，也願意提供對方想要的。說實在的，只要雙方認定這是一場公平交易，現實女會比缺愛女孩容易相處得多。

缺愛女孩最愛幻想，比現實女更活在自己的世界。缺愛女孩會一直付出，但不會在乎對方到底想要什麼，甚至會去批判對方想要的東西（她們會覺得男人想要的東西對她們來說是一種否定與威脅）。缺愛女孩會覺得你只要懂我的好就好，你不需要擁有自己的感受。最麻煩的是，她們根本不知道自己不尊重別人的感受，只會一直針對「為什麼你不懂我的好、為什麼男人都這副德性」鑽牛角尖。

然而男人事實上最容易被缺愛女孩傷害，因為現實女已經把醜惡的一面都很明顯的表現出來（例如找飯票的與拜金女），男人知道自己該期待什麼，現實女大多也都知道自己很現實所以不會打著「我是善人他是壞人」的大旗。

缺愛女孩則容易讓男人有諸多誤解（因為缺愛女孩們對自己也有諸多誤解），這些誤解產生出來的傷害會是更痛的。甚至缺愛女孩會讓男人覺得這全部都是男人的錯。以精神層面的傷害來說，我覺得缺愛女孩事實上是看起來最無害，但造成傷害最多的族群。缺愛雖然可憐，但可憐並不等同於善良。

　　現實女是對愛情抱有負面的幻想，為了逃避痛苦而不讓自己投入與在乎。缺愛女孩則是對愛情抱著正面的幻想，同樣是為了逃避痛苦而欺騙自己。好女人則是選擇面對與進入真實，超越了對愛情的幻想。

　　完整的女人確實知道愛是什麼，也重視他人的個體性與感受，知道真正的愛情有各種不同體驗（不只正面的），比幻想中的愛情更加美麗。她若選擇善行，絕非因為她想當一個善良的人，純粹是因為她喜歡並想要這麼做。

　　她對幻想沒興趣，而是被每個人的真實面貌所觸動，她不需要也不喜歡男人說謊、隱藏自己來迎合她，她熱愛男性的真實，她了解自己身為女人的龐大力量。她不被恐懼、自卑、社會價值觀束縛，總是忠於自己的感受，對自己誠實也對他人誠實。

　　會愛壞男人的，是壞女人與缺愛女孩，完整的女人無

　　　　　　　　　　　　　　　　寫給想愛的男人們

法對壞男人產生浪漫感覺。這是我親身經歷的過程，因為我曾經是缺愛女孩的一員，我也曾被壞男人所吸引，但那種吸引並非愛情（雖然我當時不自知），更像是一種想要透過降伏對方浪子回頭來證明自己的執著。

　　雖然我對壞男人的感覺一直都是這樣，但我現在對於自身感受的定義與解讀變得不同了。過去我是因為被自卑感控制，所以會試圖抓住並且想要扭轉那種複雜又不舒服的感覺，那是一種不甘心、想要證明給對方看，要對方認輸的執念。

　　雖然我的腦還是可以理解為什麼自己之前會被那樣的嘴臉吸引，但身體已經完全無法對「被吸引」這件事共感。我並不是對這樣的人感到排斥，而是對這種體驗變得「無感」。雖然感受到的是一樣的感覺，但我的內在對這種感覺已經沒有任何正向或負向的反應，只覺得跟我無關。

　　當我經歷了一連串探索無條件的愛的經歷後，我開始認清，原來之前一直想要找到伴侶來滿足我的需求的狀態，其實根本不適合進入一段關係，除了我喜歡上的男性不會是好對象之外，跟我在一起的男性也不會快樂。

　　我只在乎自己有沒有快樂，我卻也覺得男人跟我在一起會快樂，那些跟我在一起會快樂的理由當然也完全是站

在我自己的角度想像出來的。

　　反而當我不需要別人來滿足我的時候，我也不再需要「找對象」時，我才準備好了，那時我才開始具備讓人幸福的能力（這能力也是需要慢慢增長的）。因為我開始能真正察覺在乎的人的感受，而不是因為「想得到」而蒙蔽自己，用自己的方式胡亂解讀。當我不再缺愛，我就發現壞男人對我來說完全失去了原有的吸引力，這讓我很驚訝同時也覺得很合理，因為我不再需要征服別人，也不需要證明自己可以被愛。

　　我想選擇讓我感到幸福與開心的對象，同時是我喜歡也適合我的。

　　　　　　　　　　　　　　　　　　　寫給想愛的男人們

6.

喜歡 v.s 適合
的分裂

　　我們可能常聽到上一輩的人對我們的勸說：「你喜歡的不一定適合你。」但其實喜歡的與適合的會打架的原因，就源自於我們內在的分裂與創傷，並不是一種愛情的真理或真相。

　　我們把人分成「適合當戀人」跟「適合結婚」，這對我來說只是逃避自身課題所做出來的妥協，我們還硬要把自己的隱忍與怨懟的壓抑當成愛的表現。這兩者在我的定義裡，都不是「適合當伴侶」的人。

　　當然每個人口中所定義的「適合」可能各不相同，我

這邊所說的「適合」是指能夠給自己愛、支持與尊重，相處起來很開心有戀愛感，也願意一起攜手走下去、一起解決問題當個好隊友的人。

會有「你喜歡的不一定適合你」的說法，肯定是因為在很多人的人生經驗裡，發現讓自己「很有感覺」的對象通常跟讓自己「不用擔心」的對象產生了衝突。讓自己很有感覺的人總是讓自己很不安，而不會讓自己不安的人通常讓我很沒感覺。

為什麼會這樣呢？因為我們的內在是分裂的。我們在做的事都是「應該要做的事」而不是「想做的事」。我們都在遵守別人告訴我們的規則，而不是我們自己內在創造出來的原則。我們不能做自己，因為我們這一生從家庭開始，大部分的體驗都是「做自己」的我不會被愛，我只有在滿足別人的期待時才會被愛。

我們會以為某種很強烈的情感與執著是一種「愛」，那是從我們成長過程中許多遺憾產生出來的，並且它讓我們在感受愛這件事情上產生了很大的障礙。在這種強烈的情感與執著的影響之下，我們真正的感受是被靜音的，反而透過刺激產生的「情緒模式」會放到最大聲，使我們根本聽不到自己真正的心聲。

前面有說到，那些讓我們產生「強烈感覺」的對象們，其實只是在重現我們從小到大經歷被稱為「愛」的精神虐待，但那並不是愛，只是一種創傷反應以及兒時遺憾產生的過度補償，這種關係就必然會演變成結婚後互相抱怨與厭惡，但又分不開的關係模式。

　　有些人會恐懼這種「把心交給別人」的脆弱，因此會選擇「愛自己」的對象，但通常不包含「我愛他」。選擇這樣做的人會把這件事說成「我選擇愛我更多的人」，但我看過大部分的狀況是「我選擇我根本不愛的人」，只是為了合理化自己的選擇，還是會錯把「我想選擇這個人」當成「我有愛這個人只是沒什麼戀愛感」。

　　那種安全感來自於這個人「沒有能力」引發你的恐懼，或是讓你對他產生情慾的流動，因此那種安全感是虛假的。真正的安全感應該建立在「這個人有能力讓你傷心，但你仍然感覺到安全」，這才是真正的安全感。講難聽一點，如果對方不知道你選擇他是因為你的心根本沒有交給他，那就只是在利用對方來逃避自身課題而已。

　　雖然這樣的關係通常很和諧（尤其當陽性方是「比較愛的那個」，因為陽性方若陰性層面沒有被開發，就會永遠盲目地玩那個蘿蔔追逐遊戲），但在我的眼裡，這種虛

假的和諧是很悲哀的，因為它建立在雙方的自我欺騙上（這也可能使他們的下一代更難察覺到自己內在的分裂，因為自己原生家庭的和諧表象太難打破與質疑）。

當我們完成自己「個體化」的歷程，在精神上真正的成為一個成人之後，會發現我們不會對不適合自己的對象產生感覺，也不會把那些我們根本沒感覺的人定義成適合自己的對象。對「適合」的定義會變得完全不一樣，因為個體化就代表我們內在不再分裂，當我們內在不再分裂，就不會出現喜歡與適合的對象發生衝突的狀況，真正的愛情發生的機會與大門也才就此為你開啟。

真正的愛情是，「適合當戀人也適合結婚」的對象，而這樣的愛情只會為了勇敢的人敞開大門。那些勇敢正視內心的創傷、勇敢地不再當情感中的受害者、勇敢地不再妖魔化傷害自己的族群、勇敢地對自己的執著放手、勇敢地面對他人與自身的真實、勇敢地停止自我欺騙、勇敢地擁抱改變與無常的人。

寫給想愛的男人們

第三章

你的功課

1.
個體化：
脫離對世界的幻想

　　英文中有一句話我非常喜歡：「Hurt people hurt people.」意思是「內心受傷的人才會傷害別人」，我們內在產生出來的所有對世界或任何族群的攻擊，都來自於使我們自我分裂的內在傷口，並且把這個分裂投射到外在世界。

　　因為我們內在總是在戰爭，我們有個自己認為「會被別人認可、接受」的人格面具，另外一個是自己真正想要做的事與說的話。這兩方不停的在拉扯、戰爭，大多數時候都是比較社會化的那個部分會贏。

而我們會產生一種潛意識的怨懟，再投射到這個世界，或是直接欺騙自己說我就是這完美的人格面具。但不管前者或後者，我們都會對這個世界跟他者產生一種恐懼感，這個恐懼會化成一種明確但不會被言說的敵我意識。

　　因為這個社會（或男人／女人）不讓我做自己、不讓我做我想做的事、說我想說的話，只要我做自己就會被罵、被拒絕，我只能是「好」的，但我不能是我自己，這個社會（男人／女人）是我的敵人。

　　當我們越覺得被愛是一件困難的事，在展現出平時被壓抑的自我時，就越容易得到一些負面的回饋，也就越容易縮在自己的幻想世界。而越是在幻想世界出不來的人，越會表現出一種不討喜的怪異感，無法正確地解讀他人給出來的訊息。這源自於他沒有意識到他也非常厭惡他自己，要他面對自己也許太過於難以接受，所以會轉化成一種極度的自戀或自我陶醉的模式。

　　我們最常見的幻想就是「男人就是怎樣」跟「女人都怎樣」，這源於一種敵我意識，讓我們在自己心中異化自己害怕的族群，並且嘗試用一種單一且僵化的概念去理解被我們歸類在「敵方」與「需要征服而不是交流」的人們。

　　當我們內在是受傷的並且覺得這個世界不懷好意時，

我們就會去搜集能證明自己是對的證據，就算看到能證明我們「可能不是正確的」的案例，我們卻會說「那是例外」然後忘記它的存在，不然就是用各種憤世嫉俗的眼光去質疑這些案例的真實性。人們說裝睡的人叫不醒就是這個意思。

當一個人會說出「＿＿＿都這樣」，底線部分的名詞涵蓋範圍越大，就表示這個人對於真實世界的認識是淺薄的，並且他不想要了解他人、不想了解世界也不想要了解自己，他只想活在自己的幻想裡，幻想這世界、他人與自己都如同他說的那個樣子。

統計學有觀察大數據群體的依據，但它並不適用於個體的範圍。而關係該關注的是「個體」而不是統計學。在個體層次的真相是：「每個人的真我都是不一樣的」。只有在你願意接受這件事之後，你才會真正有深度地了解別人與自己，並且與他者產生真正的連結。

我說的是「每個人的『真我』都是不一樣的」。意思是我們在群體範圍會看到很多人擁有相同的反應，或是發現有個把妹招數對很多人都有用，不是因為「那些人都一樣」，而是因為與自己的感受失去連結，落入了「模式」的制約。你是在與那個人的「模式」互動，而不是跟「那

個人本身」互動。

　　無論這個模式是因為兒時創傷而塑形，還是因為社會框架的制約塑形的，我們表現出來的樣子大多都不是我們真正的樣貌，說出來的話也不是我們真正的心聲。當我們真正接觸自己的內在的時候，會發現根本沒有任何的「模式」可以定義我們，因為真相是我們的自我不斷的在變化，所以我們也不會有固定的個性。

　　只要你互動的對象不再受到任何模式的制約找到了他自己，這些「套路」就會失去用途。因為他找到了他自己，他的內在不再分裂，也就能辨識你的言行是否合一。他不再用膚淺的方式看待這個世界，因此能夠不需要任何分析，直接看出你的行為與言語背後有沒有真實的能量在支撐還是只是拙劣的表演。

　　一個整合自己的內在、完成個體化的人，沒有被別人欺騙的可能，因為他不再騙自己。我們的表現方式也會因為遇到的人的不同而自然地產生變化，因為我們真正開始與真實世界給我們的資訊互動，而真實世界的真相是：沒有任何一個時刻、任何一個狀況、沒有任何一個個體是完全一樣的。過去的經驗幾乎沒有參考價值，「當下」的資訊與訊息才是真實的。

只有真正的連結可以消除我們內在的寂寞。只有當我們發現自己對這個世界跟他人的統計學、分類、貼標籤式的認識是一種方便實用但不真實的幻想時，我們才有辦法跟這個世界產生真正的連結。

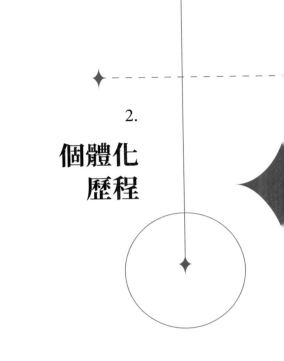

2.
個體化
歷程

　　據我的觀察，在個體化的路途上大抵分成四個不同的狀態，它可以用「階段」的方式來表示（但並不是每個人都會經歷過每一個階段）：

・第一階段：所有人都是服務我的角色・

　　在這個狀態的人，基本上是沒有從嬰兒時期畢業的（所以處在這個階段的人有很大的機率會被別人認為是「巨嬰」），因為他們將身邊所有的個體都視為服務自己

的角色，每個人對他們來說都是真人 NPC，而不是一個活生生的人。

就像是我們在嬰孩時期，我們不知道爸爸媽媽是「個體」，不知道他們也是他們自己，他們有自己的盲點、思想與七情六慾。在我們眼中，爸爸媽媽就是爸爸媽媽（相對於我們的一種角色，我們不知道他們除了爸爸媽媽以外的角色與樣子），而不是金泰或瑞娥。

如果我們沒有在成長過程中學習從對爸媽的依附中獨立，跟「外面的人」接觸與建立關係；如果沒有學會了解別人的立場、心情，沒有學會「別人跟自己想的不一樣」、「別人不會像爸媽一樣滿足你的期待、受你左右」的這個課題的話，那麼就會在人際關係上充滿了無限的挫折感。

因為「外面的人」可以隨時離開你，他們沒有義務喜歡你（不會被道德綁架）、照顧你，只要你罔顧他們的心情當個討厭鬼，外面的人隨時都可以離開你，但家人要離開你的門檻比外面的人高太多了。

通常在這個階段的人，不會只有在與女性／男性相處經驗上不順利，而是可能連朋友都很少。在這個階段的男性或女性，都把戀愛對象當成一種角色（講難聽一點就是工具），或許是滿足虛榮心、或許是經濟來源、或許是性

的提供等等。這個階段的人的所有行為舉止，都在對別人散發出「你有義務為我服務」的氣息。

因此他們很可能會說：「我生你這個兒子／女兒要幹嘛？」「我都送你禮物了為什麼你不跟我出去？」「我都請你吃飯了為什麼你不跟我上床？」「你如果不喜歡我為什麼要跟我出去／跟我聊天？」「你如果不想交往為什麼跟我上床？」「你如果不想結婚為什麼要跟我交往？」等等。在這個階段比較棘手的是，因為太過於活在自己的世界，所以會很難意識到自己是這樣看別人的，就算有人提點可能也聽不太懂「交流」與「**交換**」的差別。

就算問問題也不是真的想了解對方，而只是一種「為了找話題」、「為了交女友」，不然沒話聊就追不到手的例行公事感，只是機械式地在行動，也以為他人是機械式的，像是以為有什麼把妹萬用句，只要講了這句話就會成功這類與現實世界脫節的想像。

在這個階段的不均衡發展的陽性個體，會有滿深的表現焦慮，深怕別人看不起自己。不管做什麼事好像都在證明自己很行，根本沒有要創造對話空間。雖然開口閉口都是自己，卻沒有想要讓別人認識真實的自己，也根本不認識自己。

會在這階段的人，並不是因為他們沒有能力，而是在很小的時候自我的感受就被全面的壓抑（或許他們的爸媽也從來沒有脫離這個時期），導致很早就與自己的感受分離，因為鮮少與人真正產生交流，最後就長成了怪人的樣子。

通常在這個階段的人，同性朋友不多，整個人際交流的能量都卡住了，就連跟同性的交流都停留在非常表層的程度。他們不知道怎麼跟自己的內在感受連結，當然也就不知道要怎麼跟他人連結。

由於他自己也沒有意識到自己是個個體，因此就像我們小時候，我們對自我的認知完全是由親近我們的他者所定義的。我們在關係中感覺到自己被對方擺在什麼位置、被怎樣看待，來認知我們自己是一個什麼樣的存在。直到自我開始有了獨立性，把「自我」與「他人定義的我」分開，我們才會開始思考脫離了家庭的束縛與控制之下的自己（靈魂的特質），到底是什麼樣子。

也因此他人在跟這個階段的人相處會很累，因為會直接感覺到自己的一舉一動都會巨大的影響眼前這個人的自我，就會有一種難以承受的壓力。而且在這個階段的人認知能力也沒有發展得很健全，可能會出現以下的對話：

寫給想愛的男人們

「你對戀愛對象的身材有要求嗎？」

：「沒有耶。」

「那比你胖的可以嗎？」

：「比我胖的不行。」

但他本人可能不會意識到自己的認知出了問題，反而會認為自己是誠實且一致的。就像那種會一直滔滔不絕說話的老人家，完全不會注意到自己說話的對象想不想聽自己說話，甚至會覺得每個人應該都想聽自己說話。

・第二階段：我要夠好別人才會想服務我・

當我們在嘗試與外面的人建立關係受到挫折時，如果我們有能力去反思與反省自己，就會發現他人不一定會留在我們身邊擔任某種滿足我們需求的角色。如果學會了這件事，我們就會思考：「那麼到底要怎樣別人才會願意跟我建立關係，滿足我的需求，然後不會離開我呢？」

在這個階段，我們仍然是以自我為中心，但至少不再認為別人「有義務」為自己服務，而會用「付出」與「讓

自己變得更有競爭力」的形式來表現。陰性發展不足的個體會卡在第一個階段，而陽性發展不足的個體則會容易卡在這個階段。

第二個跟第一個階段的差別是，第一階段的人會讓他人覺得「你也不照照鏡子」，會對自己的戀愛對象提出很多要求，他自己卻可能連一項能等價交換的條件都沒有（但他自己可能覺得有，因為他無法客觀地看待事物）。他們不覺得自己「只會要求」這件事有什麼問題，也無法客觀地看待自己的表現與氣質。

第二個階段則是會讓自己有許多等價交換的條件，來作為要求別人的依據與理由，也只敢要求自己有等價交換的條件的對象，雖然也想「高攀」但不敢表現出來，因為已經開始能感知到「社會中的他人」會怎麼看待自己，並且會思考與在意。

在這個階段的人面對是否可以發展成戀愛對象的態度會差很多，感覺像是兩個不一樣的人。通常在這個階段的問題會是：面對有感覺的對象表現會變得很不自然，做任何事都顯得刻意。無論他自己「以社會標準來說」的條件好不好，只要他喜歡上一個人就會變得沒有自信、開始有過重的得失心。

寫給想愛的男人們

因此我們會常常看到一些人，在「喜歡上」對方之前都很自然，「喜歡上對方」之後就整個人變得超級奇怪。

　　在這階段仍然是把戀愛對象當成服務自己的存在，認為「對方是否對自己抱有戀愛情感」會決定自己有多少價值，覺得自己的生殺大權掌握在對方的手裡。只要是自己主觀認知「比我差」的人，就會用比較輕蔑的態度去面對，覺得在我認知裡比我差的人、想得到我的人本來就應該來討好我，因為我的「價值」比他高。

　　但面對在自己認知裡「比我好」的人，自己也就自然而然的需要委曲求全、討好，因為「他的價值比我高」。無論對方是個怎樣的人、是否尊重自己，只要被對方選擇就是一種殊榮。為了讓對方願意紆尊降貴，我只好變得「更好」，我要表現給對方看我有多好多棒，這樣他就會願意選擇我了。

　　因此這個階段的人會說：「我喜歡他是因為他／她_____（各種不同的優點）」、「這個人讓我有這樣的感覺、那樣的感覺」、「是我哪裡不夠好嗎？」「你值得比我更好的對象」、「你是個好男生／好女生」、「你這樣我要你這個男／女朋友要幹嘛？」「我想談戀愛是因為我想要有人陪（或任何自己想得到的東西）。」

在這個階段的困難點是難以跳脫出「資格論」的幻想陷阱，認為愛情本質就是一種「比好」的交易。但真實世界是每個人的感受與標準都不一樣，所謂「普世標準的好」也只能適用於被社會標準束縛的族群裡，並不能適用於全體。

在這個階段的人就容易看到一些「不符合自己信念」的情侶，對自己的信念造成刺激，會產生一種「為什麼他／她可以我不行？明明我們條件就還比他／她好！」這種難以排解的心情。不是覺得這世界上的人眼睛都瞎了、沒有眼光，就是覺得那個人應該有什麼自己不知道的過人之處，我要讓自己變得「再更好」（然後又遇到自己的喜歡的人不選擇自己）的無解循環。

這也是大部分的人會遇到的狀況，因為跳脫不出「比好」的框架，等於「認清了現實」之後選擇一個「符合現實」的對象定下來（未來遇到誘惑的時候也容易因此抵擋不住）。當一段關係的本質是建立在「各取所需」、「只要我不滿意我就不要你」的前提之下，當然也就無法經得起太多的考驗與磨練。

陽性發展不足的個體會卡在這個階段，因為無法理解「為什麼自己付出那麼多還無法被愛」，甚至他的經驗與

體驗會告訴他「愛的人就輸了」，因為自己沒那麼在意的關係，對方還比較愛自己，自己越在乎的反而受傷越重。

他們以為自己付出很多等於自己很偉大、很無私，應該要「交換到愛」，卻沒有意識到自己雖然不敢要求別人，但一切的行為仍然是希望別人來滿足自己的需求。自己的「好」只是為了交換，而非發自內心的，無法發現自己仍然是以自我為中心出發。他們沒發現自己喜歡的並不是對方，而是對方能提供給自己的好處。

擁有陽性身體的個體很容易因此沉迷於 PUA 的活動，來向這個世界（女性）復仇。透過傷害許多自己以前可能會覺得「高攀」的女性，讓自己感覺到優越。而擁有陰性身體的個體則會因此變得厭男且具有攻擊性（反正我再怎麼好，你們都還是會傷害我），並且覺得男人就是比女人愚蠢、無可救藥的次等生物。

・第三階段：我想服務他人・

當我們發現自己再怎麼變得更好，都無法交換到愛，如果我們有更強的自覺與觀察，會發現原來自己以前看世界的方式都是一種負面的幻想（第一階段是一種正面的幻

象）。真實的世界根本沒有單一的標準，單一標準只是一種集體的想像，當我們真正的去認識身邊的每一個人，會發現每個人都在受苦，每個人內心都有痛。

我們會發現自己是否被覺得有吸引力的人喜歡與選擇，跟自己的價值根本沒有關係，我們會發現自己的價值不需要被他人決定，同時我們也不能決定別人要怎麼看待我們的價值。當我們在第一階段的時候，我們幻想著自己可以決定別人是否覺得我們有價值；在第二階段的時候，我們幻想著我們的價值透過擁有多少選擇權來決定。

第三階段我們會發展出一個平衡，知道別人怎麼看我們，並且不試圖改變它，同時也不會被他人的眼光影響我們怎麼看待自己。我們開始知道「個體」到底是什麼意思，我們在這個階段才真的學會了「尊重」的真正含義。

尊重是我做我想做的事，你也做你想做的事，如果你想做的事我不喜歡，我會告訴你，而你還是想做的話，那代表我們不適合湊在一起。反之亦然，如果我做我想做的事，你不喜歡的話，剛好我也還是想做那件事，那麼就表示我們不適合相處。如果我覺得那件事我其實也沒有想做，只是剛好做了卻不知道你不喜歡，那麼我會去調整，然後繼續相處下去。

我們會發現，所有自己選擇做的事情都與他人無關。我想送對方一份禮物，是因為我想要送，所以對方沒有義務要開心，更沒有義務要回禮。我送禮的開心來自於我想要做這件事過程中的自我滿足，因此即使對方不開心，我也不會覺得好心被雷親，因為**對方的感受跟我不一樣本來就是理所當然的**。了解對方不開心的原因之後，我也可以去思考彼此的價值觀的差異是否適合繼續來往。

　　我們開始了解何謂真實何謂虛假。因為了解限制他人自由（無論是透過道德還是法律）所得到的專一是虛假的忠誠，了解到透過情緒勒索得來的情感是虛假的愛，了解只有不再把自己當成受害者，才能不再想要控制這個世界與他人成為我理想中的樣貌，這樣才能拿回自己的力量，而不需要留著不適合自己的人在身邊，來保衛那用謊言建立的安全感。

　　你會了解形式與內容是分開的，例如我送禮給友人A，友人A後來也送我禮物。我送禮給友人B，友人B後來也送我禮物。這兩者在形式上看起來是一樣的，看起來都像是「因為收到了禮物而回禮」，但在內容上也許完全不一樣。

　　先不論我送禮的時候是用什麼樣的意圖送的，若友人

A 是個已經歷個體化歷程的人，收到禮物後，並不會覺得自己有義務回禮。因此友人 A 後來的送禮，並沒有帶有「回禮」的意味，而是就剛好在這個時間點想要送我東西，剛好看起來「像是回禮」。如果沒有看到想送的東西，友人 A 就不會回禮了。

若友人 B 仍然被社會的框架束縛，那他收到禮物就會有一種「需要回禮」的壓力，並不是因為友人 B 真的想要送禮物給我，只是因為「沒有回禮」這件事會讓他感到不舒服。也因此，友人 B 後來送我禮物就是一種「回禮的義務」。

或如果 A 比我早看到看到想送的東西，我就會先收到友人 A 的禮物。也就是說，A 送我禮物幾乎是「自主自發性」的，而不是因為「先收到了禮物」才產生想送我東西的想法。而在與 B 的關係裡面，如果我沒有先送 B，我應該也不會先收到禮物。但在表面上，A 與 B 都與我進行了「交換」行為，但交換只產生與 B 的來往之中，而不存在與 A 的來往之中。

當我們說「人與人交往要互相」，這並非一種「規定你要這樣做」的情緒勒索的理由。我們無法使用「是否有對等的付出」來衡量對方是否重視你，因為對方對等的付

出可能並非出自「他想這麼做」，而是為了「扮演好朋友／情人的角色」，是為了不落人口實或不讓自己被當成不好的人，跟你在他心目中的重要性不見得有關聯。

「互相」這件事是否會「因為雙方發自內心想做而發生」，雙方都帶著「因為我想要這樣做」的意圖，而非「因為我想要透過對你好來控制你」。

如果是前者，發現對方其實不適合跟自己往來之後，也不會用「人與人交往要互相」的這句話來責怪與試圖改變對方的行為。但後者會這麼做，因為認為「我對你好，你沒有回饋這是你的錯」，並且會想要「討回之前對對方好的部分」。

前者會認為「我對他好，他本來就沒有義務回饋，但如果我發現他只想單方面地獲得，那這就不是我想要選擇的關係」，並且安靜地抽離這段關係，因為對方並沒有做錯任何事，就只是他不想對我好而已。我也不會想要討回任何東西，因為當初就不是用交換的心態在給。

「你心裡若還惦記著別人的感激，那你就不曾給予。」（取自鍾穎 2023/02/07 臉書貼文。）

當我們找回了自己的力量，我們會對控制別人來服務我們這件事失去興趣，我們會希望每個人都可以去做他自

己想做的事，不受到任何人情與不屬於自己的價值觀所束縛。我們不會希望一個不想留在自己身邊的人留下來，也不會希望不想對自己好的人對自己好。

這時候我們才真正地理解「你無法控制別人」這個真相並不是一件值得難過的事情。當我們不再恐懼他人的自由意志，我們就能開始享受這個世界帶給我們的一切，明白他人內心的感受與自己無關，我們內心產生的感覺也跟他人無關，我們才能學會享受「體驗屬於自己」的所有感覺。

你會發現之前人際關係的煩惱幾乎都不見了，當然你還是會有新的煩惱，但你會享受你的煩惱。你會意外的發現這世界極端殘酷卻也極端美好，這兩件事是並存且不可分割的。這幾個階段都是慢慢脫離幻想、進入真實世界的過程，而在這個過程中，我們對待他人的方式也會變得不同，同時也會影響我們的人際結果。

在第一階段的人認為世界繞著自己轉，且是自己理所當然在沒有什麼付出的情況下，也要獲得所有自己想要的東西，這是把嬰兒時期對爸媽的索求與不足投射在外在世界，心智年齡形同嬰兒，認為所有人的存在都是為了服務自己的需求，不然就沒有存在的價值（因此會對拒絕自己

寫給想愛的男人們

的人惡言相向）。

在這階段的人對於世界有非常嚴重的幻想，我們可以從網路匿名交友的一些「噁男」例子中看到。我曾看到有個男生上傳自己假扮女生在 wootalk 上面聊天，然後對方問她有沒有男友、有沒有固定砲友，做影片的人說「沒有」，對方竟然說「那妳是不是很醜？」完全可以說明在這個階段的人有多活在自己的世界。

對陽性來說，用年齡、身材與長相來橫量對方的價值，是因為在他們眼中所有人都是工具，而符合自己性向的族群就是會自己動、會說話的肉便器而已。對陰性來說則是用經濟能力來衡量對方的價值，對方只是長期飯票，自己可能對對方完全沒有性慾、不喜歡對方也沒關係。（再次強調，陰陽非男女。）

因此你可以想像在第一階段的人在人際關係上會受到多少的挫折，交不到真心的朋友，當然異性緣也會極差，在長期求不得苦的怨懟之下，又加上缺乏自覺，就會將這股苦悶轉化成對「敵人」（性向族群）的攻擊來彌補自己內心的不平衡。

第二階段的人開始有了「等價交換」的概念，認為自己如果能提供同等的條件，就應該得到同等條件的收穫，

但無法理解為什麼「條件比自己差的人」可以獲得自己想要的，自己卻得不到。心智年齡形同孩童及青少年。有強烈單一黃金標準的優劣比較心理，容易看不起比自己低的，也容易在比自己高的人面前看不起自己。認為自己的分數夠高就應當換取到自己想要的服務。

在網路上打兩性戰爭的人都在這個階段，認為異性都在剝削自己的權益，認為這個世界上爛人就是可以獲得一切（例如拜金女與渣男），而好人總是被欺負，自己這麼努力當好人卻不被欣賞，這個世界不值得信任。無法看清他們口中的付出事實上是想將自己的價值觀加諸在別人身上（我認為好就是好）、罔顧他人心情的情緒勒索（你不認為好，那你就是錯的），而不是站在他人立場的行動與發言。並且因為只能了解自己的立場，就會誤以為仇恨與攻擊可以使他人改變。

第二階段的人執行關係就是用「交易」的模式在進行。就算他們意識上並不想要這樣的關係，因為自己不夠勇敢面對自己，也不想要受傷先給出愛，還是會一直遇到用「交易」模式在面對感情的人（交易的意思就是以我的需求為中心，若你沒有滿足我的需求，那你就失去價值，我不是拋棄你就是出軌找別人滿足），然後一直遇到同樣

的問題，覺得愛情不存在，因為大家都很自私只想滿足自己。

　　第三階段的人拋棄了「交換」的概念，將自身生命的責任完全拾起，不再依賴周遭的人的反應來定義自己的存在，開始成為一個真正精神獨立的「個體」。因為不再需要別人來滿足自己，內在豐盈就會想要開始服務別人，從服務別人的過程中得到滿足與快樂。也不再認為他人與自己之間有任何「義務」，不道德綁架他人，也不會道德綁架自己。

　　能理解每個人都擁有不同的喜好、好壞對錯的標準，喜歡就是喜歡、不喜歡就是不喜歡，跟好不好、是否有價值沒有關聯性。就像是喜歡橘子還是蘋果，是沒有優劣之分的，只有不同。每個人都是不一樣的，沒有男人都怎樣或是女人都怎樣，統計學完全不適用於了解個體的關係，**若想要用分類與貼標籤的方式認識人，那麼就根本沒有在認識人。**

　　每個人內心產生的所有情感，都是內心投射於外界的結果，與他人無關。

　　只有我們發現這個情感與客觀世界的「無關性」，以及發現了個體的「獨立性」，有了這兩個體會後，我們才

能真正地了解別人的心情與立場，因為我們不再將自己的自我價值建立在他人的觀感上面，如果他人的反應會影響我們的自我價值，我們當然就會扭曲事實與資訊，因為這些事實與資訊裡有我不想要面對與接受的部分。

在這個階段人會活得非常地自由，並且會有非常忠實的友誼與愛情，因為進入這個階段的人正在領悟生命的真諦，並且開始真正地掌控自己的人生。在世界的每一個角落、生命的每一處都找到美麗的地方，而且這種美麗是不需要抹除生命中的醜陋，不需要扭曲任何生命中的發生與資訊，因為人們已經發現光明與黑暗、善良與邪惡是不可分割的一體性。

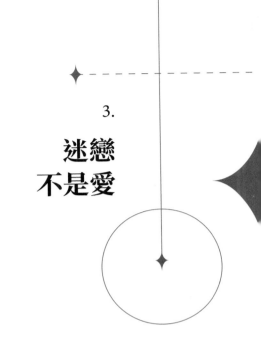

3.
迷戀
不是愛

　　區分迷戀與愛的差別，大概是人們最困難的功課之一。無論男女，如果與自己的陰性面沒有足夠的接觸，就很容易踏入這樣的陷阱裡。迷戀是一種執著，它會讓你在見不到對方時感覺到痛苦，非常害怕失去對方，並且會有一種想要控制與完全占有對方的意念。這種情感會讓你瘋狂，讓你以為這就是「愛」的感覺。

　　為了不要失去對方，你發現你會使用各種不同的手段來限制對方的自由意志，不讓對方產生「想離開你」的想法，因為對方如果離開你，你會非常痛苦。對方是你理想

中能給你一切所想要的東西的人，他滿足了幾乎所有你對愛情的幻想，近乎完美。但時間長了你發現對方不是一直都那麼完美，你就會想要把對方弄回「之前還很完美」的樣子。

迷戀會給你這種強烈難以放手的感覺，愛卻不會。愛是一種鬆弛但豐滿的感受，它給你的感受不那麼強烈，卻比迷戀更加的豐富與深刻。你不會害怕失去它，因為你體驗過它之後，你就不會再感受到強烈需要浮木的溺水般的匱乏感。你就會瞭解「愛」是無法失去也無法獲得的東西，它存在你心中也在你跟他的關係之中，但無法透過「擁有彼此」來保存它，「在一起」只是愛的其中一種表現形式。

缺乏與內在陰性接觸的陽性如果遇到了可以讓自己迷戀的對象，很容易人生就栽在這個對象身上了，除非這個迷戀破滅了（如果這個迷戀對象非常熟悉「馬頭紅蘿蔔」的手段，就算結婚了，這個幻象也是不容易破滅的）。前面有說到，陽性不善於想像，只能參考現有的與經驗中最好的，這就會讓這個陰性發展不足的個體一直處於一種陰性方自認善意的謊言之中。

這個部分在我的上一本書《女神狀態》中有著墨，整本書的內容都是在解釋愛與需求（迷戀）的不同，雖然主

寫給想愛的男人們

要是寫給女性的書，但與陰性面足夠接觸的男性也非常適合看。

4.

把別人的感受
當成一回事

　　畢竟這本書的讀者大多是擁有陽性身體的男性，還是需要一些實際跟女性相處的時候會使用到的內容，所以我們來談談這部分吧。要吸引到真正會讓你有生命力的好女人，需要解決什麼課題呢？我相信生命中發生的際遇都是某種量子力學力場作用的結果，因此在我的觀點裡，真正的好對象並不是用「找到」的，而是只能透過自己提升自己的能量場，然後「遇見」。

　　我研究「吸引」將近 10 年，最後得到的結論很簡單。無論男女，想要一個充滿愛、願意尊重你與了解你的好伴

侶，而不是滿足自己虛榮心的戀愛人頭數的話，唯一重要的能力就只有這個：好好聽人說話，並且把對方的感受當一回事，讓對方感覺跟你相處是舒服的。

不要覺得這句話好像廢話一樣，至少在我的生命經歷中，有八成以上的男性都做不到這件事（真的非常常看到那種滿滿的表現焦慮，所有的行為都在說「看我！看我！看我！」的人）。「有聽到對方說話內容」與「有把對方說的話聽進去並理解對方想傳達的訊息」是完全不同的兩件事。雖然這個方法與把妹書籍所教的背道而馳，把妹書籍所教的大多是要你設法讓對方感到不舒服、不被尊重，但我只能說那只能吸引到讓你的戀愛體驗很糟糕的人。

因此如果你只是想要人頭數來滿足自己虛榮心的話，「好好聽人說話，並且把對方的感受當成一回事」並不是一個必要的條件。「把妹達人」與「噁男」的差別，只在於這個人被拒絕後表現出來的恐懼與匱乏是否非常明顯（攻擊也是一種很明顯的恐懼與匱乏）。也因此很多把妹書籍會要你展示出一副完全不在乎女人的跩樣。這樣的確能夠引起缺愛女孩們的注意力，變成她們尋求認可的對象。

當我還是缺愛女孩的時候，我會希望追求我的人展現

出強烈的控制慾，因為那是一種錯誤安全感的來源。也因此會喜歡《霸道總裁系列》、《格雷的五十道陰影》或《暮光之城》這種對愛情有不切實際幻想的書籍，並且嚮往裡面呈現出來充滿不尊重、控制與勒索的關係，還認為那樣很浪漫。

所以我並不會說把妹的書籍是沒有用的，相反地，它們非常有用。這些書會如此賣座，建立在一個很悲傷的事實上：「充滿創傷不懂愛的女人仍然很多。」現在的我去看那些內容，只會覺得：天啊，我以前怎麼會把這麼駭人的行為當成愛情的表現呢？裡面的關係根本就是各種的精神虐待。以我前男友為例，他對我說「只有我能讓妳哭」，我當時竟然覺得很浪漫，真是有病到極點。

女人一邊抱怨男人都很爛，一邊又嚮往精神虐待般的關係。只有當以上那些不健康的愛情小說不再賣座、當女人都唾棄那種關係時，好男人才會越來越多。因為男性是被女性的無意識能量場給塑形的。

前面談到了陽性是無意識地在「回應」陰性的能量所創造出來的空間，因此我會說在異性戀的關係裡，陽性所呈現出來的行為就代表陰性給出來的空間長什麼樣子，因此陽性表現得有多爛多渣，是陰性給出來的空間。當陰性

不願意面對她不尊重自己，不願意離開很糟糕的對待，卻一直怪罪對方很爛而不拒絕或切斷關係，陰性方的問題就是自我逃避。也因此，你的對象有多爛其實就代表你的自我逃避傾向有多嚴重。

男人開始誤解善待女人是一種軟弱的表現，但事實上他們對自己不夠有自覺，不知道自己的「好人行為」事實上都只是為了交換的情緒勒索，是一種偽善。沒有自省的能力甚至下了一個極度偏頗的結論：「女人只愛壞男人。」真正的善待是一種全然獨立於他人反應之外，是為了選擇自己要成為什麼樣的人。

同樣地，當男人開始唾棄那些被女性利用的關係，而不是只要女人擁有姿色就拋棄自己的自尊；同時，男人也要開始珍惜自己的感情與身體，當你自己的選擇變得有格調有骨氣，好女人才會越來越多。

這是需要我們雙方陣營攜手共同努力的事。如果我們都了解戰爭只會帶來兩敗俱傷的結果，那麼意識形態的戰爭也同樣是如此。

如果你把他人的感受當成一回事，你自然就會重視你的外表，重視打理自己，這代表你重視別人看見你時身體的感受不是為了把妹或讓別人喜歡，只是想讓他人的體

驗、感受是美好的。因此，好看的男人更容易被喜歡是因為這個原因，並非完全是長相的問題，而是跟品味比較有關。外表只是一張門票而已，頂多會讓人給你更多犯錯的空間或多幾次機會。很多戀愛書籍都在說要提升自己的外表與硬實力，但事實上對於好對象來說，這些東西都只需要過基本門檻就夠了。

然而重視他人感受與在意他人看法是兩件完全不同的事情，但很多人很容易搞混。重視他人感受是基於「想服務他人」的出發點，而在意他人的看法的最終目的是想要利用他人來服務自己，而非站在別人的立場思考。

某些元祖把妹書籍教的那種「孔雀」穿法（也就是穿很顯眼的東西）只能吸引到缺愛女孩。對完整的女人來說，你打扮是在乎他人與你相處時的身體感受，包含視覺（穿著打扮）、聽覺（談吐）、嗅覺（身上的味道）。

你不需要特別帥，但對於打扮要有自己的想法與哲學。你不需要特別有錢，但至少能夠維持一定的生活水準不會拖累伴侶。你如果有把別人的感受當一回事，就不會要求別人要愛你的困境。重點不在於你有多少錢，而是在於你對自己的人生是否有足夠的責任感。

白痴的女人確實很多，但如果想要找到好對象，這樣

的心態絕對幫不到你。尤其完整的女人火眼金睛，不可能被你的猴戲表演給欺騙。如果你只想要用方法、手段來提升自己的成功率，而不是真實的表達自己的感受與讓自己呈現脆弱的一面，在完整的女人的眼中，就是一種缺乏勇氣的表現。

　　為什麼你需要透過方法手段提升成功率呢？因為你無法面對展現自己後產生的失敗與需要改進的地方，這就是一種軟弱。好女人只對真誠與真實起反應，如果你真誠且誠實，即使她無法對你產生情慾，她也會尊敬你且感謝你。如果你的真誠換來的是女人的敷衍以及在背後的嘲諷與鄙視，那麼恭喜你，你逃過了一場與這個爛女人戀愛的劫難。

　　至於要如何好好地聽人說話，把別人的感受放在心上呢？我們接著要從「為什麼做不到好好聽人說話，為什麼無法把別人的感受放在心上」的原因開始探討。

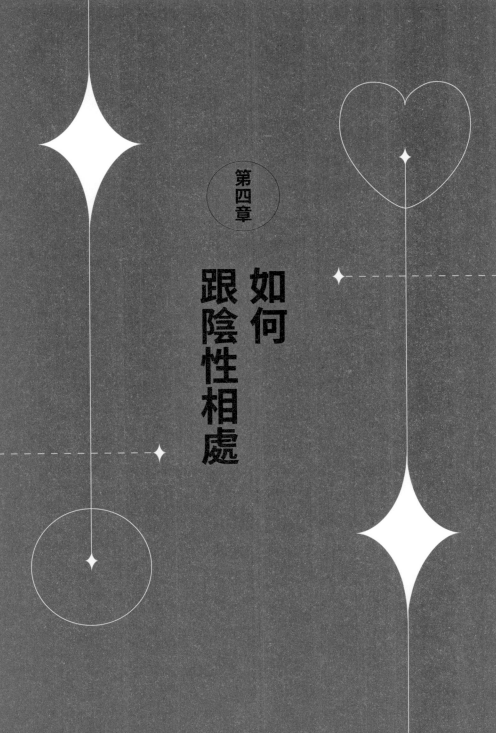

第四章

如何跟陰性相處

1.

為什麼無法
把他人的感受放在心上？

　　無法把他人的感受放在心上的人，是因為他也沒有在
乎過他自己的感受。因為總是只看著目標有沒有達成，而
不是在完成這個目標的過程中想著：我對達成這個目標的
手段有什麼感受？我喜歡這麼做嗎？這個手段讓我感到開
心與感到驕傲嗎？

　　大部分在跟陰性相處卡住的陽性，都是因為把對方當
成了一個要攻略的「目標」，而不是當作一個「人類」在
相處。但是，對方並不是一個你問什麼就會回答什麼的
NPC，也不是你輸入一個指令就會心情好的機械。

　　　　　　　　　　　　　　　　　寫給想愛的男人們

對方是一個活生生的人類，她有屬於自己的故事、屬於自己的情感、屬於自己的悲傷與快樂。別人或許能透過類似的經驗類比她的感受，但她仍然擁有屬於自己獨一無二的體驗。她聞到一朵花時是什麼感覺、看到清澈的藍天是什麼感覺，跟你的感覺肯定是不一樣的。

　　要學會把別人的感受放在心上，第一步就是要先學會把自己的感受放在心上。我看過很多男學生在追求自己心儀的女生時，明明對方的所作所為有很多讓他不舒服的地方，但為了「追到手」都會忍下來敢怒不敢言。為了怕「追到手」的「任務」失敗，就會罔顧自己的心情與感受。

　　然而罔顧自己心情與感受的追求，通常是會失敗的，因為大部分的情況下，這樣的選擇會降低自己的吸引力，只是讓人更容易利用你而已。反正你表現出來是你自己自願的，那當然人品比較不好的人就會覺得不利用白不利用。例如當對方遲到 30 分鐘，你其實很不喜歡別人遲到，對於朋友遲到你都會不爽，但對於戀愛對象（尤其當你覺得對方比你搶手）你就不敢表現出不滿。

　　如果你在乎自己的感受，就會去表達（並非責怪）告知對方你的心情。告訴對方「我不太喜歡空等別人 30 分鐘的感覺」，如果對方的態度是「我遲到從來沒有男生敢

抱怨」或是「我就是沒有很想跟你約會才遲到的，你哪根蔥」。那麼你就知道你們根本不需要繼續發展下去，因為對方並不適合你，因為適合你的人就會道歉並且真的改善遲到這個問題。

表達自己的感受，並非要求對方為自己改變或同意自己的看法，而是**讓對方「知道與了解」你是一個怎樣的人，**對方有權利決定要不要調整自己。如果對方不願意調整自己，那麼就可以考慮不再往來（拜託各位，有骨氣一點）。

但如果你都不說，對方就不會知道，對方可能只是交友圈裡剛好都不是那麼有時間觀念的人，而不是故意要讓你等。盡量不要去預設這個世界上的人的是非觀念都跟自己一樣。當你學會了把自己的感受放在第一位，而不是把「目標」放在第一位，你漸漸地就能夠慢慢地明白到底女性所說的「看感覺」是什麼意思。

2.

與女性相處
要注意的誤區

    * 因為大部分的人幾乎都是卡在第二階段（我相信第一階段的人可能也不太會讀這本書，而且在第一階段的人自覺能力比較差，應該都會認為自己在第二階段），所以我會主要以處在第二個階段的人常遇到的困境來描述問題。（各階段的表現狀態請見 P.85）

    很多人與女性相處不順利，是因為「忘記對方跟自己一樣是一個人類」。這句話看起來很蠢，實際上卻是我時常觀察到的現象。對於我們不了解或跟我們不一樣的群體，尤其是符合自己性向的族群 (身上有我們想要的東西)，我們常常會妖魔化或神格化他們。

當你妖魔化或神格化任何族群，你會去否定任何他們跟你一樣的地方，並且放大與誤解他們跟你不同的地方。無論是否定差異的存在還是過度放大差異，這兩個狀態都是處在一種對世界非黑即白的認知上面，是一種方便的幻想。

所有人都有跟你一樣的地方，也有跟你不一樣的地方，要擁有對人性的基本瞭解，再去探索彼此因為性別與各種標籤產生對於人性表現的差異。擁有了對人性的基本瞭解後，跟任何人的相處都會變得自然。

只要你跟某個人相處是不自然的、感覺卡卡的，無論這個人是誰，都代表你對這個人有不切實際的幻想，毫無例外。（緊張並不是一種不自然的表現，無法坦然接受自己緊張的情緒，必須隱藏、扭曲或否認才是不自然的表現。自然也不見得代表平等，而是無論你跟對方的關係本質如何，都能不費力地呈現出來。）

當然我們在與人相處的時候，本來就因為個體的差異，所以對待每個人的方式都要不一樣（這是一種尊重），但是仍然有一些非常基礎的通則，是你在了解對方是一個什麼樣的人之前使用的一些通則，而這些通則就是以遵循人性為前提，建立在「大家都是人類」之上。

但在人際關係上會遇到問題的人，無論你是什麼性別，你會發現你面對符合自己性向的族群跟不符合自己性向的族群的時候有很大的「人格差異」，在符合自己性向族群的問題會比較明顯，而且遇到你很有感覺的人會無法維持正常。

　　人緣不錯的人，有男生朋友也有女生朋友，只是面對戀愛對象會不正常，那要檢視的就是你在面對戀愛對象的時候，是怎麼定義自己跟這些人的，有什麼樣的差別。（因為我們的狀態會根據我們面對的狀況與對對象的認知改變，而認知就建立在我們如何定義自己與對方的關係。）

　　如果是人緣還好的人，只有不符合自己性向族群的朋友，完全沒有符合自己性向的朋友，那麼其實不管是在交友層面還是戀愛層面應該都有一些隱性問題存在（無論你有沒有意識到或承不承認）。因為如果你面對人際關係的認知是符合人性的通則，不太可能交友圈只限於非性向群族。

　　個性與價值觀會變，而人性是亙古不變的。

誤區 1：沒有人，真的沒有人在乎你的豐功偉業

　　這個大概是最重要的一點了，很多人都會以為要讓別人喜歡上自己，是要顯示出自己有「多好」，但真相是，沒有人在乎你有多好，全世界在乎你有多好的人只有你自己。別人會不會對你產生好感，是取決於**他在你身邊的時候，「他對他自己產生什麼感覺」**。

　　如果你的外在條件很好，例如長得非常好看，那麼你跟對方友善的相處，對方就會感覺「自己有機會被長得好看的人喜歡」；但是如果你一直跟對方說別人有多喜歡你這張臉，你得到的就會是反感。

　　對你的豐功偉業表現出興趣的人在乎的永遠是如何利用你的資源，他們會表現崇拜或欣賞讓你開心，以取得利用的管道，而不是真正在乎你的豐功偉業。而對你的資源沒興趣的人，也不在乎你的豐功偉業，他會在乎的是你的思想哲學、品格品味。

　　真的，沒有人在乎你有多好，所以不用再浪費力氣展現自己的優點了，但這並不代表你需要隱藏自己擁有吸引力的地方。例如你可能就是很有錢，你知道這是一個很大的優勢，請你不要刻意去告訴或秀給對方你多有錢，而是

本來對方越認識你，就會越清楚你的資產狀況。

　　如果你們的約會明明就是適合搭捷運去，那就不要硬要開你的名車。如果話題明明沒有聊到收入，對方也沒有問，就不要硬要講你的收入。怎樣的流程比較自然就怎麼做，不需要刻意隱瞞也不需要刻意展現。

　　如果你不知道「自然」是一個什麼樣的概念，代表你跟人相處的時候都帶著強烈的目的性，可能也鮮少關注跟你互動的人的狀態，也沒在感受關係間的能量流動，這也是為什麼人際關係會產生許多障礙的原因。

　　如果想要讓自己了解何謂「順其自然」的相處，就需要不帶任何控制對方的流程和他人相處。如果你之前跟別人相處都是「讓別人喜歡上我」、「讓他看得起我」，這就是意圖想要操弄對方。那從現在開始，你要練習的是：**我要在這次跟對方相處的過程「感覺到自己很開心」。**

　　也就是你把焦點從「控制對方」變成「控制自己」，這就會讓你慢慢地接近「自然」的感覺。當你在「控制自己」的過程中得到一些人際關係上的正向結果，從體驗中發現「原來不需要操弄別人」，慢慢的你就會懂得在與人相處的時候放鬆一些，也就可以漸漸的感受到與你相處的人的狀態以及關係的自然流動的方向。

如果你已經能掌握一些「自然相處」的感覺，那重點就需要擺在你能看見對方是什麼樣貌，告訴對方他做了什麼事讓你感覺很棒，或是對方身上有什麼讓你很欣賞的地方（當然不是用居高臨下的方法說，很多卡在第一階段的人會覺得用很高傲的語氣跟別人對話就能自抬身價。）

要記得，身價只要是自抬的，不管對誰永遠都是扣分。

很多陽性特質發展不足的陰性個體，會因為不想讓場面難看，想要維持虛假的和諧，而迎合那些自抬身價的人，配合他們演出，讓他們誤以為這樣的自抬身價是一件加分的事情。然後一邊奉承，一邊私底下嘲笑那個自抬身價的人的所作所為。當然那並非一種惡意，只是一種保護自己的選擇（雖然我個人很不欣賞這種行為，我現在不會跟會說違心之論的人當朋友）。

所以不要以為對方說你喜歡與想聽的話等於對方的真心話，尤其當你的資源異常豐富、掌握的權力很大，跟對方有利益關係牽扯的時候。

我記得我在電影《奇異博士》裡面看到這段對話：

史傳奇：「奇怪，以前人們總是覺得我很幽默的啊！」

王：「他們是你的下屬嗎？」

寫給想愛的男人們

史傳奇：「好的，很高興跟你聊天。」

很多人可能就算內心扣你分數，仍然會討好你，因為他不想要放棄可以利用你的資源的機會，或是不想因為得罪你而失去原有的資源。

所以很多有資源的人會發現一旦他們的人生不再風光，原本在身邊稱讚自己與親近的傢伙們全都不見了。如果你不想要虛假的朋友與情人，那麼請你在與人交往的時候，不要處心積慮地去展顯自己的優點與好處。宣揚自己有沒有用？當然有用，對於想要利用你的人當然有用。

在跟女性相處的時候，請記得：你是怎樣的一個人不重要，除非對方有問，不然不要自己講出來。多多觀察對方，說出你的觀察（但不要預設立場），保持你對對方的好奇心。但這不代表你不能分享你自己的事，而是**你分享的東西不要帶有「希望對方覺得這樣的我很棒」的目的**，而是「我講這件事讓我感覺很開心或這個話題我很有興趣，很有感觸或感想，所以我向對方分享」。

誤區 2：認識對方不等於一直問問題， 也不要一直想話題

　　這是很多「直男」會面臨的問題，會認為對對方保持好奇心就等於「一直問問題」。所謂「直男」或「直男癌」其實就是指陰性特質發展不足的個體。由於在生活中很少與自己的感受接觸，也就很難去辨別「一直問問題」到底為什麼會讓感受性強的陰性個體覺得不舒服。因為「達成目標」是他們關注的點，但沒有人喜歡被當成一個像是物品的「目標」。

　　然而，困難的地方就在這，談感情就是在創造各種感受，如果把感受當成機械化式的邏輯思考的話，就失去了感受的本質，對談戀愛是非常不利的事。其實很多自稱自己是理性思考所以不懂感性思考的人，本身其實也經不起推敲與檢視，只要用真正理性的邏輯檢查他們的各種行為與發言，都會發現他們其實根本稱不上理性，反而異常的感情用事。

　　我只能說他們的感情用事在於用盡辦法地逃避自己的情緒、創傷與軟弱，真正的理性的人可不會這樣。

　　當他們認為理性的邏輯思考與感受都是「天性」，就

知道他們的思考有多不周全，因為這其實很快地就可以破解。像是嬰兒都懂得用感受反應，但沒有嬰兒一出生就知道怎麼用理性的邏輯思考與反應。而因為在情感方面的挫折，讓他們只能用「我是理性思考的人」來逃避自己的不足以及需要面對的自我與情緒。

所以並不是他們學不會如何感受，而是他們「害怕去感受」。因為感受會讓他們長年以來的壓抑解放，解放意味著失控，會讓他們流淚並且感受到自己的無力與痛苦，必須承認自己的醜陋與不完美。同時也代表他們必須承擔起「自己不是受害者」的殘酷事實。

由於大部分的女性並不會用男性的方式去對待男性，所以能感同身受的男性其實不多，但要同理女性其實很簡單，只要在 wootalk（或任何交友軟體）上面聊天，然後假裝自己是女生就行了。你就會馬上知道一直被問問題是一件多煩且多不尊重個體性的事。

或是你可以想像一下，一個女生一開頭就問你：「你做什麼工作？收入多少？」「你的生殖器多大？」「你可以維持多久不射精？」「你開什麼車？」然後你一回答完就直接接下一個問題，你不會覺得不舒服嗎？如果女生用噁男的邏輯與男生互動就會變成這樣：

「妳有男友嗎？」／「你有車子嗎？」

：「沒有。」

「妳有固定砲友嗎？」／「你有房子嗎？」

：「沒有。」

「那妳是不是很醜啊？」／「那你是不是很無能啊？」

　　因為幾乎沒有女生會這麼做，所以相對難以將心比心。加上很多男性問問題**只是為了不要沒話講**，而不是真的想知道對方的狀況。我不認同「己所不欲，勿施於人」是真正的尊重，但至少它是一個學習尊重的過程。（我認為真正的尊重應該是「人所不欲，勿施於人」。）

　　如果你並沒有把對方當成一個跟你一樣活生生的人，只是想要從他身上得到一些你想要的東西（例如性、認同、虛榮心），那麼你當然會一直丟問題或丟話題出來，因為你根本上就不覺得對方是個有感受的存在，不覺得他會有喜歡的方式與不喜歡的方式，所以會產生這樣的誤區。改變的重點其實在於從「把對方當成一個人類，而不是服務自己的工具」開始，就能很自然地改變關係的互動模式與結果。

那要如何把對方當成一個人類呢？首先就是要把自己的目的性與期待拿掉，如果把目的性拿掉你就不知道要怎麼跟別人相處，那就用「不知道怎麼跟別人相處」的狀態去跟別人相處，然後把自己當下的迷茫、無助真誠地表達出來。

　　例如你可以說「我不太會跟異性相處，但我最近在練習」、「我現在不太知道要說什麼，之前有男生跟你聊什麼讓你特別開心的嗎？」幾乎沒有女人遇到願意真誠表達自己困境並且不給壓力的男生會不願意幫忙的。（壓力來自於你對關係會怎麼發展的期待與預設，以及無法承擔拒絕的心理。）

　　不能一直問問題，那怎麼辦？要記得人際關係講求的是雙向的溝通，像是打球一樣要「一來一往」，你先問了一個問題，對方回答之後，你要根據對方的回答來決定你接下來要講什麼，要「回打對方打回來的球」而不是「再發一顆新的球」。一直問問題就很像你打一顆球過去，對方打回來你也沒有要再打回去，一直自顧自地發新的球，這樣怎麼能夠變成一場精彩的對打呢？

　　只要你陷入「需要想話題」的困境時，其實十之八九就是你們的相處已經不再「順其自然」，而是跑到「刻意

為之」的軌道上了。要知道相處不需要把空白都完全的填滿，戀愛感有七成是取決於肢體語言的表達（是肢體語言不是肢體接觸），藉由那些空白互相加成慢慢地建立的。

如果你發現你一直想填滿對話中空白的時間，那對方對你的感覺大概不太好，八九不離十。

誤區 3: 不要預設立場

另外一個要注意的重點是直男很容易因為「太相信自己的判斷」而做出很不尊重別人（貼標籤）的預設立場跟問句，然後對於自己得罪人這件事還渾然不知。很多陰性發展不足的陽性個體，明明非常不認識真實世界（因為真實世界不止理性的層次，也涵蓋了非常廣的感性層次，否定感性層次就是一種幻想），卻異常地相信自己的判斷與井底之蛙般的眼界。

舉個例子，前陣子我在臉書上面發布了我今年會出版「寫給男性的書」的消息，結果有個男性在我的貼文底下留言：「請問是自費嗎？」這就是一種會讓人不開心的預設。如果他是問「請問是自費出版還是與出版社簽合約？」就完全沒問題，但他這句話就是覺得「應該是自費

出版，所以我不問另外一個選項的可能性。」

　　這就讓我非常不悅，我回他：「為何是自費？」他回：「沒有，單純好奇，因為我最近看到有蠻多人自費出版。」我心裡就想：「你看到很多人自費出版到底干我屁事？」

　　或是當我心情不好，發了一篇抒發心情的動態，不論男生女生來問我「你沒事吧」、「你還好吧」、「你怎麼了」都會讓我覺得很莫名其妙。如果我今天是為了討拍或想要得到關注，就會覺得開心，但我是為了抒發而不是討拍。

　　我覺得「為什麼抒發心情不好就一定要有事？」為什麼你會預設我需要安慰？用一種「心情不好的人一定需要幫助」的姿態來跟我對話。我其實不需要幫助，也沒有「不好」（因為我覺得心情不好也是一種可以享受的人生體驗），還要應付他們那種「想當善人」自我滿足的演出，讓我覺得超麻煩。但如果今天是我出車禍，有人問我「你沒事吧」就完全沒有問題，因為我真的「有事」。

　　當然除了這是因為我個人感受比較龜毛之外，我也比較敢講實話。大部分的人可能因為缺少對政治正確不滿的探索，就算被別人問「怎麼了」而感覺到不舒服，也不太會去探索這個不舒服的感受。因為會覺得對方並沒有做錯

任何事，對方關心我，我怎麼可以不舒服？如果我還感到不開心，那我就是壞人了。

　　的確，對方沒有做錯任何事，我也不認為對方做錯任何事，但我不開心的心情也不是假的，我沒有義務去接受別人想加諸在我身上的善意，尤其當我不覺得那是善意的時候。如果今天對方是問「發生什麼事了？」就完全不會有問題，因為這句話沒有預設對方現在好或不好的立場，只是單純地想知道「發生什麼事」。

　　如果你判斷你跟對方之間的關係是對方會想跟你講事情，那麼「發生什麼事」就是一句很好的關心；如果你跟對方的關係並沒有那麼親近，對方也許會不想跟你說，那麼你可以說「如果你想講你發生什麼事的話，我很樂意聽。」「不想講也沒關係哦，只是想讓你知道我想關心你。」重點就是當你不確定對方是否會想跟你講的時候，不要預設「對方會想跟你講」，除非你很明確的知道你們的關係是很親近的。

　　不管你的感受是否符合政治正確的狀況，要記得你的感受不需要存在的正當性也可以存在，因為它就是存在。無論這些感受是否會讓你變成一個「很難搞」的人，你都不需要去否定它跟批判它。但肯定自己的感受，並不代表

你有權利去逼別人理解你的感受，如果對方不理解或不接受，那請你離開或遠離這個人，不要去鬧或情緒勒索。能理解你、認同的人就會理解你，不需要你索討理解與認同。

另外一種會讓女性感到不舒服的預設立場，就是「你應該是 _____ 這樣的人。」這種擅自幫對方的性格分門別類、貼標籤的語氣，如果你已經是一個很會掌握氣氛與察言觀色的人的話，這樣的說話方式會是一種情趣，但是如果你還沒有掌握說話的藝術，請絕對不要使用這種自以為很了解對方的句型。

例如「不要愛上我喔」、「你不會喜歡我吧」，這種關於對方內在感受的預設立場的句子，真的不要亂用。如果你對感受的掌握度不足，又想要了解對方，請你使用詢問的語氣與意圖（「你不會喜歡我吧」，雖然形式上是問句，但並沒有帶有詢問的意圖）。

想要了解對方的尊重，就是不擅自覺得自己已經很了解對方。你永遠不會完全的理解另外一個人的內在感受，你也許可以掌握和了解一個人的行為模式與習慣，但永遠不會掌握一個人的內在感受。你能做到的只有與對方產生共鳴（而且共鳴這件事要對方也覺得你們有共鳴才會成

立，是完全由對方決定的），如果你自認為自己可以了解對方的感受，那就是一種幻想。

對於一個不懂得愛自己的女性來說，這或許不是什麼值得扣分的大事，但是對於一個懂得愛自己也懂得愛別人的人來說，「擅自揣測並且自認為理解對方的感受」這點是一個大大「快逃」的警訊。因為只要一個人自認自己可以理解對方的感受，那就代表他未來一定強加他自己的理解在你身上，而不會試著理解你的視角如何經歷這件事。

這並不代表你不能說「我理解你的感受」，我理解你的感受是一種確定感受到雙方「正在共鳴」時可以說的一句話。但很多人在使用這句話的時候，並沒有建立在感受到雙方彼此「正在共鳴」之上，而是為了講這句台詞而講，因為這句話好像很政治正確。

的確，如果你講了這句話，除非那個人跟你的關係好到願意跟你說真話，否則很少人會生氣地告訴你「你才不理解！不要自以為理解！」大部分的人會配合演出，因為這句是一句「很政治正確的話」。所以你可能會覺得這句話很安全，但事實上你如果在沒有發生共鳴的時候越常講這句話，就是在累積對方對這段關係的怨氣。

預設立場的本質，就是你用你的主觀限縮對方在你眼

寫給想愛的男人們

中是什麼模樣的可能性，無論你在預設立場的時候是不是使用很政治正確的語句，這都會讓對方覺得自己的個體性正在被你的預設立場抹除。因為對方會感覺到：如果事實是我與你說的預設立場不符，那麼你會認為我是在否定你自以為是的判斷，而產生一種無形的壓力。

通常下判斷的人都是想要被肯定的，如果能夠接受自己的判斷是錯的，並且不會產生負面情緒的人，通常不會隨便預設立場與判斷對方的情況。但很多陰性發展不足的陽性個體很容易把「假裝自己了解一切」當成是一種自信的表現。這個方法有沒有用？

當然有用，因為自卑的女性傾向迎合會把講話講得很確定的人（無論男女），就算她們內在感受完全跟你講的不一樣，她們也會傾向否定自己的內在感受，覺得「講話講得這麼確定（大聲）的人應該就是對的吧？」這是創傷使然。

但懂得自愛也懂得愛人的女性，會認為「假裝自己了解一切」是一種軟弱的表現，能夠面對自己的無知與認知的限制的人才是值得欣賞、有勇氣的人。但這不代表要刻意的謙虛，而是「知之為知之，不知為不知」。

誤區 4: 如果對方沒問，不要隨便給建議

　　這也是許多陰性發展不足的陽性個體容易發生的狀況，就是「超級愛給建議」。這是源自於自我價值感的不足，必須透過「我比你懂」或「我可以幫助你」的立場才能獲得價值感，光是「存在」這點不足以讓他有價值感，是一種非常明顯的表現焦慮。

　　事實上不論是內在健康還是不健康的女性，都能看得出來這點，只是內在不健康的女性會因為害怕不被選擇或被討厭而配合演出。因此很多寫給女性的戀愛書籍裡面，其實都把男性當成一種愚蠢的生物的姿態，因為只要這樣給男性甜頭就能「控制男性變成我想要的樣子，而且他們還覺得是他們自己的主意」。

　　我也曾經在課堂上教學生如何使用這種「柔性的駕馭術」。明明心裡覺得「男人怎麼這麼蠢連這個都不會」，卻要擺出一副「哇你這樣做好棒棒喔！我好高興！」的樣子來讓男人「進步」。

　　舉個例子，有個女性為了讓她的老公學會煮菜，就慢慢地「訓練」她老公進廚房。先從洗米洗菜開始，然後誇大這個行動的價值，例如「哇，老公要是你沒有洗菜我這

桌菜可能就做不出來了呢！」（可能心裡明明是男人為什麼那麼蠢，為什麼連洗菜都不會），或是「老公你米洗得真好，我從來沒吃過這麼好吃的飯耶！」（但可能根本沒那麼好吃），然後漸漸地讓自己的老公因為想要被稱讚喜歡上做菜這件事，一點一滴的讓老公越做越多，最後她就把自己的老公訓練成一個會做四菜一湯的男人。

乍聽之下好像是個美談，我以前也有好一陣子認為這是男女關係的最佳狀態，因為表面上皆大歡喜。但當我學會如何愛人之後，我突然驚覺，這樣做其實是建立在看不起男人的前提之上，為什麼我當初會覺得這是一個理想狀態呢？我發現原因是我當時根本上的不相信男人是值得尊敬的對象。

我前幾天看到一位日本女性作家上野千鶴子的訪談，她說她有個女性友人帶孩子帶得很辛苦很憂鬱，她問朋友為什麼不交給老公帶個幾天，友人的回答是「我不信任他。」上野千鶴子的評論讓我頻頻點頭，她說：「你跟一個男人生小孩，如果你連讓他帶小孩帶一天都無法信任，那當初就不應該跟他上床啊！」

一個值得我尊敬的男性應該要是自發地想進步，而不需要一直靠女人扭曲自己的感受，跟誇大每件事的實際價

值來引導。這除了是對女人的一種精神負擔之外，也是對男人作為一個個體的隱性羞辱。而我後來發現我真的不想要這種**母子式的愛情關係**，我要的是一個能夠跟我平起平坐，我可以表達我真實的感受，不需要扭曲事實，能夠聽實話的男人。

一個跟我平起平坐的男人不會受我的控制，雖然他比被我控制的男人更有可能離開我，但這就是我想要的關係——一種兩個人都真正擁有自由，而不是被無知囚禁的關係。我希望他能自主的選擇跟我在一起，也能自主的選擇離開我。我想要一個喜歡被真實的欣賞但不需要被崇拜、沒有表現焦慮的男人。

這樣的男性才能在我生命中給我真正的安全感（建立在他真的想跟我在一起，不是因為我的控制跟扭曲自我）跟許多成長與驚喜，能讓我開眼界、能讓我向他學習。能被我控制的男人反而只能提供給我毫無驚喜的虛假安全感而已。

這其實跟前面講的第一點「沒有人在乎你的豐功偉業」是一樣的道理。在別人沒有問你的時候亂給建議，就是一種希望透過老王賣瓜來自抬身價的行為。你不需要急於展現你懂什麼別人不懂的，因為沒有人在乎你懂什麼、

能解決什麼問題。這都是對方「已經喜歡上你」之後才會錦上添花的項目。

　　所以不要自顧自地引導對方去聊你很擅長的領域跟話題，然後滔滔不絕地一直講，只要你發現你講話的長度超過 3 分鐘，而對方都沒有很感興趣地深入提問（更糟的就是都沒有發言，只有點頭然後一直喝飲料或東摸摸西摸摸，看別處都沒看你眼睛）的話，只是「嗯嗯」、「喔喔」、「這樣啊」、「好厲害哦」，那幾乎能確定對方根本沒有想聽，只是在配合演出而已。

　　就算對方有問，也不代表對方真的想聽，有時候只是因為沒話題所以問。你要先簡短的回答開始，看看對方對這個話題有沒有興趣，對方有興趣一定就會問更多。而不是你抓到一個「哇這個話題是我表現的好機會」，就完全不顧對方想不想聽逕自的講下去。記得，人與人之間的來往要像打球一樣「一來一往」，並且來往的節奏要差不多。

　　如果你不小心真的因為對這個話題很感興趣就說太多了，當你發現對方沒什麼反應時，你可以加一句「抱歉，我是不是自己講得太高興了？」如果加上這句話，就會直接把剛剛本來會被扣分的項目馬上變成加分，整件事就會因為你有在乎對方的感受而變得可愛，而不是一個「又是

137

只會講自己事情的傢伙」。

　　如果突然不知道要說什麼的時候就閉嘴，千萬不要硬聊。我前面有說，只要進入了「我現在要說什麼比較好」的狀態時，就得馬上停下來進入空白讓自己 reset 一下，因為一旦開始想話題，你的焦點就已經不在對方的感受上了。

　　彼此對視，害羞的笑一下，比起你一直想填滿空白還要好太多了。如果你覺得空白的時間很可怕，那就是你需要去面對與訓練的事，無法自在地面對相處中的空白的人，是無法談好戀愛的，也很難展現個人魅力。

　　聊天不是你的個人的表演舞台，而是一場雙人舞。聊天並不是單方面灌輸你的想法給對方，這點也是很多直男會誤以為是自信的表現，然後就覺得這個叫做「極端自我」。你的自我只有在「不在乎對方是否認同，也不會去否定、改變對方想法」的狀態下才會有魅力。一個真正對自己有自信的人，不會排斥理解別人的觀點跟想法，也不會想要灌輸別人自己的價值觀或說服對方同意自己。

　　但大部分的人在嘗試表達自己的價值觀與想法的時候，是經不起對方和自己想法不一樣的。被對方肯定他們才會覺得這種「極端自我」是成功的，所以就會吸引到沒

有思想只會配合，然後因為只會配合引起內在的怨氣，精通情緒勒索的女人。

　　我認為 podcast 節目中，《台灣通勤第一品牌》是直男聊天節目裡面我最欣賞的，根本頂級直男。各位不會聊天的直男可以參考一下這個節目來學習要如何跟人對話、聊天、問問題與認識別人。你從來不會覺得他們的聊天裡面有「想話題」的成分，而是一直透過一來一往的對話來自然的「延伸話題」。

　　如果你是需要「準備話題」或是跟別人相處時很常需要「想話題」的人，其實不是你的人際關係技巧有問題，問題的根本在於你對於生命的探索是缺乏深度的。除了很少了解別人的思想之外，可能也很少看各種不同的書籍，只看那些會幫助自己達成目的的工具書（如果有看的話就是沒有真的吸收）。

　　很可能你平時不管對待任何事都是「得過且過」，不會去思考別人為什麼跟我的想法不同、為什麼世界上會有這樣的現象，對於無法理解的事情不會想要弄懂，不想去探索可能性，對於未知很排斥，容易懶得探索自己的生命經驗，向自己與他人提問。

　　一個對生命有一定程度探索、思想有一定深度的人是

不太需要準備或想話題的。當然這樣的人也有可能遇到話不投機的人，但遇到話不投機的人也不會因為對方條件很好而硬要聊，因為不聊或不跟對方建立交流也不會怎樣。沒話聊就沒話聊，只會覺得「喔我跟這個人好像沒什麼話聊」，而不會一直陷入需要「想話題」來延續對話的狀況。

「想話題」就是因為當下已經進入了「話不投機」的能量裡才會發生的事，所以我才會說只要進入想話題的狀況，就已經不在會讓關係變好的軌道上了。很多直男以為那些很會聊天的男生是因為「很會想話題」，完全是錯誤的認知。

在那些很會聊天的人的世界裡，在聊天的時候「話題」的概念與分界其實非常薄弱，雖然可能會圍繞在一個主題上聊，但主題都是「聊完之後發現我們在聊這個主題」而不是先「想好主題」才去聊，光是順序就已經本末倒置。會聊天的人都是彼此在針對當下想到的事交換自己的想法與生命經驗，而不是依據「話題」來發想的。

所以那些在教你怎麼想話題的人，其實根本沒辦法讓你變成一個真正會聊天的人，頂多只能讓你變成一個「有很多話題」、「有辦法填滿空白」的人，而不是一個聊起天來會讓人覺得很興奮的人。因為會聊天只是對生命探索

寫給想愛的男人們

有一定深度的附屬品，而不是一種光是研究「聊天」本身就能獲得的技能。

加上我前面有說，戀愛感的發生其實需要空白的配合，所以很多人在變成話題大王之後，仍然會發現還是很難讓自己真正喜歡的女生喜歡上自己。所以教你如何使用「話題」來聊天的，不是一個只想著賺錢的商人，就是一個其實自己也不懂聊天就出來半調子地教聊天，寧為雞首不為牛後的那種人。

這邊要釐清一下，所謂「深度」並不是談話都要談一些很高大上的內容，把幹話講得很有趣而不無聊也是一種對生命探索的深度（也可能更像是廣度）。因為生命也包含那些輕鬆的、開心而不嚴肅的層面。對生命探索足夠的人，會有一種能夠自由伸縮的彈性，能夠聊有營養的也能聊沒營養的。

但無論聊有營養還是沒營養的內容，你都可以感覺得到對生命探索有一定深度的人，就算講幹話也是有內涵的。但同樣是講幹話，或是講一些高大上的話，為什麼有些人講出來就能啟迪心智，有些人講起來卻很空泛呢？例如我們都常在一些文章書籍看到「愛自己」與「做自己」的概念，很多人都會談論這些概念，或是佛言佛語人人都

可以講一兩句。但你會發現不同的人講一樣的句子，份量是不一樣的。

我們講出來的話像是骨架，不管任何人都可以使用這些骨架。但這骨架是否有被填滿豐富的內容，就決定了一個人是否有內涵。有些人只填了 5%，有些人填了 20%，那是什麼決定填滿多少的程度？在於一個人的生命所經歷的經驗，與他是否有將資訊消化吸收，變成屬於自己版本的東西。當一個人將內容填滿超過 100%，他就會開始創造，成為一個成功的創作者。

但大部分的人大多是拿了書上看過的名言、聽了別人講的話，很少人會把那些話重新吸收消化，成為自己的東西之後重新吐出來。就算只是一個非常簡單的概念，如果一個人有將它變成自己的內涵，並且用自己的生命經驗的角度重新描述它，即使內容看似差異不大，卻能產生極大的啟發。

因為那是實實在在地「注入」過自己生命能量的內容。你講話是不是有「內容」，還是只是竊取別人尚未普及於世的新奇概念假裝是自己的，份量就是不一樣。

有深度的反義詞「膚淺」，並不是指外表或物質，而是在面對人生所有的事發生時，都只會用非黑即白的框架

套入每一件事，認為每個人的想法都一樣，認為事情理所當然，忽視這世界上每一個存在跟生命經驗的獨特性與其廣度和深度。

　　膚淺是喜歡為事情下一個絕對的定義，並且要求他人用與自己同樣的世界觀去理解世界。喜歡幫事情去脈絡化，不去理解事情複雜的前因後果，許許多多不同角度灰色地帶的複雜情感。膚淺是無法接受事情純然的本質樣貌，喜歡把每件事都硬是塞進某種分類當中，使它們標準化，不然就無法理解這個世界。因為真實太過於複雜。只要你不斷地把問題一直深入的問下去，逼問他們對每一件事、每個詞彙的定義，你會發現膚淺的人答不太出來，言行經不起推敲。膚淺總是只能用很籠統而不具體的文句來敷衍，用一些「好像很有道理但根本什麼都沒解釋的」的話語來搪塞他人。

　　如果一個人真正有內涵，那麼同樣一個概念、詞彙，他可以用至少 20 種角度解釋給你聽，讓你理解。就像形容一道料理，A 只聽過菜名跟看過照片，B 吃過那道料理一次，C 吃過好幾次並且認真品嚐，D 認真品嚐還自己嘗試去製作，E 將這道料理改良並且做成自己的版本。ABCDE 這五個人對這道料理的理解與層次都是不一樣

的，當然越後面的人越可能輸出最具有分量的內容。

　　有些人會主張「其實沒有會不會聊天這回事，只有遇到的人跟我的頻率是否對得上。」他們的個人經驗中會發現遇到頻率對的人就可以有說不完的話，但遇到話不投機的人就會很難聊天。因此他們在定義自己是「會聊天」還是「不會聊天」的人時遇到了困難，就會選擇這種主張。

　　我個人不完全同意這種觀點，因為我覺得這種觀點多少帶有一種逃避課題的意味存在。我觀察到主張這樣觀點的人，很多都是遇到「想跟他聊天但不知道要聊什麼」的狀況，遭遇許多挫折之後總結那些「自己想跟對方聊天但聊不起來」的狀況為：對方頻率跟我合不來。我並不認可這種定義，我認為頻率合不來的人應該是「我沒有想跟對方聊天，對方也沒有很想跟我聊天」。

　　我認為就算再會聊天的人也不可能跟每個人都聊得來，也認為的確存在著「頻率合不合」的事實，也同意每個人都會有「會聊天」的狀態跟「不會聊天」的狀態，但「在想聊天時高概率地會讓他人覺得很好聊」這種人是存在的，而且在他不想聊的時候也不介意別人覺得他難聊。我認知中的「會不會聊天」跟「想要聊的時候是否能做到」比較有關，也就是說，若很常「想聊天卻不知道該如何是

　　　　　　　　　　　寫給想愛的男人們

好」就屬於不會聊天。

　　對我來說這個差異仍然存在於個體化的進程之中，你是把別人當成服務你的工具，還是你想要服務別人？一定會「把對方的感受放在心上」，也就是會考量自己面對的這個人想要、喜歡聽什麼。請記得**「把對方的感受放在心上」並不代表「對方的感受比我的感受重要」**。如果這個人想聽的內容我不想說，那麼我就會閉嘴不說。如果這個人想聽的內容是我想說的，那我才會說。

　　如果跟別人聊天時帶著一個「我想要一個頻率跟我合得來的人」，就會覺得對方應該要聽自己說話、認同自己的觀點，所以話不投機時，內心就會感覺到不舒適或想否定跟自己合不來的人。正因為希望他人服務自己，也就容易遇到「我想聊天但不知道要聊什麼」的情形。

　　然而，想要「服務別人」的人不會遇到這樣的狀況，因為他在面對他人的時候是一邊在感受對方的能量，一邊在思索要做什麼可以讓對方的感受良好（也不一定是講話，肢體語言也是一種表達）。重點並不是在「我要獲得什麼」，當你的世界不是只有自己，你的焦點會在接收對方給出來的大量訊息上面，一旦你真的「有在看」、「有在聽」，你會發現根本不用想話題，能使用的素材真的很

多。

　　因此幾乎不會出現「不知道要做什麼」的情形。這邊我會寫成是「做什麼」而不是「聊什麼」，是因為當你活在自己的幻想裡的時候，就會一直以為與人交流的主體是「講話聊天」，但真實世界的交流其實至少有百分之七十是非語言訊息的交換。而你如果覺得交流就是「講話聊天」，當然就會一直卡在「不知道要聊什麼」的狀況，因為重點根本不是「聊」，這個認知的出發點早就已經是「活在自己的幻想世界」，而不是活在真實世界裡，自然會處處卡關。

　　如果你想要一個真實的關係，絕對不要太過於依賴通訊軟體，通訊軟體只是一個平台，真正的交流要留在面對面的時候才會真正成立。現代人會越來越無法擁有關係的原因大多就在於躲在科技後面，利用科技逃避許多真正重要的課題。

　　當你開始想要服務他人時，你會發現很多時候政治正確的「漂亮」做法可能並不實用。例如書上可能會教你去讚美別人，但是實務上在「對方對你的熟悉度」還不夠的時候讚美雖然不會扣分，但並不永遠是一件令人舒服的事情。例如一個你完全陌生（不記得長相）的人突然跑來跟

寫給想愛的男人們

你說你的衣服很好看，你其實會有點嚇到而且覺得毛毛的。

但如果這個人是你看過兩三次，已經記住他的長相，你們彼此的眼睛也有對上過，甚至有點頭示意，雖然沒有講過任何一句話，也算是「陌生人」，但其實「熟悉度」已經有增加了，這時候的讚美才會變成一種加分。

也因此在實務上要讓別人「感受良好」，其實並不是只要把好像任何人應該都要喜歡的「形式」直接塞給對方就好，而是真的要感受對方的狀態、時機點與各種不同細微的訊號，並且順應彼此之間關係的能量流動。

然後當你的出發點變成「服務別人」，你就會發現的確有頻率合與不合的問題（因為合不合只存在於你的心中），跟你頻率不合的人也從來不會說你很不會聊天或覺得跟你合不來，而是會變成「感覺沒有深入認識的機緣」。

誤區 5: 不要隨便稱讚對方，但也不要吝於稱讚

你有感受到的事，你再說出來，不然稱讚就只是流於形式，稱讚也會變得很廉價。很多人的稱讚只是為了稱讚

而稱讚，但根本不知道自己稱讚對方有沒有開心或是這個稱讚是不是自己真的想說的話，換句話說就是流於機械式的行動。

我們前面有提到一點關於稱讚的眉角，你大概會有一種感覺：稱讚如果只是為了被喜歡，那麼只能適用於不敏銳的人身上，對於敏銳的人來說可能是反效果；但如果稱讚是拿來服務他人的，就不會出現任何問題。

而服務他人意思就是：You have to mean what you say.（你需要說你真的心裡有確實感受到的事實。這邊我會使用英文是因為我覺得單就中文好像無法完整的表達我要強調的意思。）

很多漂亮的女人會同意，被一個女人說「漂亮」比一個男人說自己「漂亮」還要值得高興。原因並不是因為「對方是女人」而是「對方一定是有感而發才會說出來」並且「對方沒有要使用稱讚來做為利益交換的手段」。所以，只要一個男人也是純粹感嘆地說出「你好漂亮」，女生也會同樣的高興。

而很多稱讚會流於廉價的原因就是因為那個稱讚被當作一種手段，或者只是為了說而說，說的人不知道自己為何而說，也沒有把對方的心情放在心上，只是把對方當成

一個機械，如同電腦鍵盤一樣，按下 A，螢幕上就會出現 A，好像只要是讚美的形式，不管什麼狀況、什麼時機、什麼樣的人都應該覺得開心。

就像是只要別人有負面情緒，你就覺得對方一定「需要安慰或幫助」，或是一定想被你關心。覺得「提供幫助」是一個「好的形式」，所以自己一定會被視為好人，也就不管對方實際上是怎麼樣，想不想「被你過度關心」，你也不檢視自己的動機就這麼做了。（這就是一種幻想，也是一種對生命探索的深度廣度不足的結果。）

而大部分莫名其妙破裂的關係（明明自己就沒有做「錯」任何事，一切都很正治正確），常常就是因為你把自己內心認為的應該與價值觀用你毫無自覺的行為舉止強加在對方身上，還不允許對方感覺不舒服，甚至責怪對方有這樣的感受。我明明是在稱讚她，她為什麼反而不爽？我明明是為她好，她為什麼反而遠離我？我明明是對的也是合理的，為什麼她無法理解？

例如我在粉絲頁發表了一些想法，有個人在我的貼文底下留言：「不錯的觀點，給讚」，就會讓我覺得很討厭，為什麼你覺得我需要你的肯定？你以為你是誰？但如果有人下面留「我從來沒想過這件事耶！」就會讓我非常

開心，覺得那是對我的想法的最高讚美。請記得，不管跟誰，互動都是一件非常個人化的事，**對方有自己看事情的角度與立場，把對方的感受放在心上才會有好的互動。**

你的稱讚必須建立在「你吸收對方呈現出來的資訊」的前提上面，這個「吸收」不論時間的長短，「吸收」的意思就是你真的有「感受到」這件事，而不是只有五官接收到這些訊息。例如你看到一個漂亮的女生，你腦袋知道她很漂亮，但你其實心裡並沒有被她的漂亮「打動」，只是因為你想要透過讚美她來取得她的注意，如果她注意到你，你就會「很有成就感」，也因此你的稱讚很廉價而且無用（雖然對方可能會因為不想要表現得很機車假裝開心敷衍一下）。

就像當你看到狗或貓，如果沒有其他人在旁邊時，你心裡覺得「好可愛」，然後忍不住脫口而出（也許你說出口的不是好可愛，是一種狀聲詞或「天啊我要融化了」），你並沒有期待這隻貓或狗會懂你在說什麼，你就只是把自己內心的感受表達出來，這才是真正的稱讚。

有些資訊是需要時間吸收，需要一些時間觀察的。例如你發現對方吃東西的時候眼睛會閉起來，然後你覺得這件事很可愛，你就可以表達出來：「我發現你吃東西的時

寫給想愛的男人們

候眼睛會閉起來，好可愛哦。」或是你發現對方有一些很默默、無心的小貼心，你也可以說：「我很喜歡你會_____（對方貼心的小動作）」。如果你真的沒有遇過有人會這樣，你就可以再加一句「我沒有遇過有人會這樣」。

你發現的是對方某種獨特的動作或習慣，若你有具體的把那些東西描述出來，我能肯定的是，如果對方不討厭你，絕對會害羞。因為這樣的稱讚代表「你真的有好好地在看著我」，而不是隨隨便便的把取悅所有女性的台詞丟給對方，然後希望對方有所反應。

缺愛女孩為什麼會因為渣男毫無靈魂的甜言蜜語而上鉤？並不是因為那些渣男很厲害，是因為缺愛女孩太希望對方說這些話是真心的，太希望對方沒有玩弄自己，所以就算那些台詞毫無靈魂，至少是她們想要聽到的話語，是她們夢想中想要被看待跟對待的方式。但她們內心都知道那些是假的，只是還不願意承認與接受事實，不然不會如此的不安與沒自信。

誤區 6：一定要確定對方的意願

這其實也算是「不要預設立場」的一環，但單獨拿出來講，就是因為這個東西太重要了：女性不拒絕，不代表她有意願。

當然也有女性是比較矜持的，或是在她的價值觀裡面有「不能讓男人太好到手，很想要的時候也要表現出一副沒有很想要的樣子」這種讓關係更不健康的東西，所以用對方的語言上的回應來判斷對方的意願是絕對不準確的。

尤其是肢體接觸，當你去觸碰女生，但女生只是僵住而沒有把你甩開，或是沒有直接說「請不要碰我」並不代表她喜歡被你碰觸。因為她以前可能有在拒絕性騷擾之後，反而被暴力對待的創傷經驗，所以使得她就算不喜歡被碰也會不敢反抗。

尤其在你罔顧她的真實心情，在她的意料之外觸碰她的時候，更是容易觸發到她的恐懼心理，通常女性的反應都會是就算自己吃點虧也希望可以和平落幕，不要當下給對方難堪，因為很怕對方經不起拒絕，然後報復自己。身為男性可能比較無法理解女性在日常生活時很怕遇到變態、跟蹤與性暴力的恐懼，不能理解也沒關係，但至少你

寫給想愛的男人們

理智上要知道，女人非常恐懼的時候其實很容易產生不敢拒絕甚至還會陪笑的狀態。

（尤其是前陣子遭炎上的某 E 開頭的戀愛家教，我看了他示範肢體接觸的影片，真的覺得很反胃很恐怖，真的很嚴肅的奉勸大家不要學。而且我能強烈的感受到影片裡面的女生其實也很不舒服，但她為什麼願意拍這個影片我就不清楚了。）

很多直男會以為女人如果沒有退後或反抗的力道，那就代表她「願意」，認為可以視為一種「興趣指標」，這可以說是錯誤到不能再錯。因為事實上能夠甩開跟說出「請不要碰我」的女性真的不是主流，目前的女性在事發的現場仍然缺乏幫自己發聲的勇氣跟能力。

我能理解對一個陰性面發展不足的陽性個體來說，不根據對方的反應去判斷對方意願這件事有一定的難度，況且如果一直保持什麼都要明確地確定對方意願的狀況，也容易被認為是缺乏情趣跟沒有刺激感而錯失機會，這很吃你是否能夠讀懂對方的語言背後的情緒與微表情。

女生說不要的時候有沒有可能是想要？當然有可能。我並不認同女生說不要的時候永遠都是不要的這個想法，雖然它很政治正確，但並不真實。所以我會教大家一些同

時可以確定對方意願，又不會破壞氣氛的一些句型。但我能給的只有句型，真正要讓這些句型有良好效果與作用的，仍然是你「如何說」這些句子，在什麼時機說、用什麼語氣說、跟你代換什麼樣的措辭，這些措詞是否符合語境（換句話說就是自不自然）。

我個人認為這是我在學會愛人前後的巨大差異，我在學會愛人之前（我內心還很不健康時），其實更喜歡男人強硬一些，如果在我已經被對方吸引的前提下，霸道總裁那種極端自我的方式其實是有效的；但如果我沒有被對方吸引真的就會感到很噁心，這跟帥醜真的沒什麼關係。雖然我很喜歡帥哥，但有些強硬得讓我心動的人，我根本不覺得帥。

當我學會如何去愛人之後，我就對會這樣做的人無感了（不會反感，但無感），而且會覺得那是一個我需要遠離他的信號。反而是那種會用一些很自然的方式來確認我意願的人，會讓我非常春心蕩漾。請記住「確認對方意願」當然可以用使用口頭確定，但是就如同前面說的，人與人之間的互動至少百分之七十是肢體語言，就算不很正式的說出口，也需要確定對方的意願。

而這些句型跟確認意願的方式都需要把意圖丟出去之

後，認真觀察對方怎麼把球丟回來。請記得一個原則：女生很不喜歡把場子弄僵。除非她是一個性情中人，不然大部分的女性都是就算心裡百般的不願意，也不會很直接的把話說死，所以觀察表情與感受情緒才是最準的。

雖然觀察對方情緒與表情才是最準的，但這需要你先對自己的陰性面有足夠的發展與接觸才有可能感受得到，所以在那之前請不要太相信自己的判斷。如果陰性層面發展是充足的，你會「知道」對方願意還是不願意。不過，只要你需要分析、證據或是用經驗來「判斷」，就等於是「不知道」。當你不知道的時候，就不要裝作自己知道。需要判斷就是因為不知道，才需要判斷來取得結論。

接下來是簡單的教學，但在執行這些方法之前，請一定要記得如果你仍然無法坦然面對女性的拒絕，對方的拒絕會大大的影響你的自我價值，或是會讓你生氣、太傷心的話，這些東西都會失去它的效果。

首先，你一定要有能接受他人拒絕的度量，跟別人相處時才會順利。因為結果會怎樣其實都是取決於你的心態，再多的工具都比不過一顆開放、真誠、勇敢跟溫柔的心，我提供這些工具只是用例子來讓各位更了解女性的心理。

你會發現當你和女性進展很順利的時候，都不是因為你想要刻意練習（機械式地執行）這些東西，而是在相處的過程之中你自然而然地會說出符合核心精神的話、做出符合核心精神的事。只有當這些觀念變成你自己的東西的時候，你和女性相處的結果才會真正開始轉變。

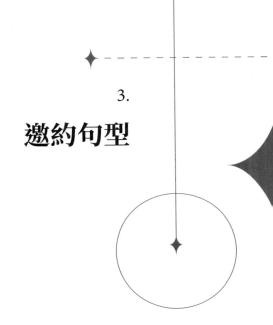

3.
邀約句型

　　請千萬記得，你要掌握的是這些句型中的**核心精神**，而不是照表操課。當然你也可以照表操課，但要知道照表操課是不會讓你吸引到可以讓你充滿生命力的對象的，因為你自己也要充滿生命力才行。

　　這些東西的應用都需要基本的人際敏銳度（陰性特質要有一定程度的發展），因此比較適合有一定社會化的人參考。若是不太會察言觀色的人，建議先多觀察別人，別急著去做。

如何邀約女生出去約會（第一次）

要邀約女性出門之前，當然要評估你們兩人的關係目前的熟悉程度到哪裡，而如何評估其實並沒有一個固定的標準，因為每一段關係都是獨一無二的。所以我覺得最好的評估方式就是你想像一下：如果現在你們兩個單獨出門的話，感覺會怎樣？會有很多話聊嗎？還是會有很多尷尬的空白然後你要絞盡腦汁填補？

請記得當你想像的時候，不要落入妄想，一廂情願的把狀況想像得很完美很順利，而是想像如果你們兩個都不刻意去做或準備什麼，你們能不能愉快地單獨相處？如果答案是否定的，那麼第一次最好不要約那種「很正式的約會行程」，不然兩個人的壓力都會很大。（如果無法想像，那麼就先不要想著談戀愛，先好好的交朋友，鍛鍊自己的人際敏銳度。）

再來是要評估對方對你目前的好感有多少？對方對你的好感有到「想要跟你單獨約會」（想往談戀愛的方向探索）的程度嗎？請記得現實世界的人感情的運作不是非黑即白，而是有「程度」之分的，其中包含各種不同的成分。

例如可能這個女生對你感覺還不錯，跟你交流很舒

服，但並不是很確定自己是不是會在戀愛層面被你吸引時，她會考慮跟你出去，但不代表她跟你出去等於喜歡你或對你好感度很高。也有可能這個女生很確定自己在戀愛層面被你吸引，但她以前被跟你很像的人傷害過，所以對於要跟你出去這件事會猶豫或不安。每個人的狀況都是不一樣的。

關於有怎樣的好感這個層面的評估會較進階，如果對對方有得失心或是自己的感受性還很生疏時，就容易感知錯誤，原因大多是你對對方的認識並不是基於真正的認識而是基於自己的幻想。（但並不是你不知道答案，而是有些你還沒辦法面對的東西，讓你無法信任或看見自己的感受）。如果你的感知能力已經到一定程度，同樣是想像當你們朝向戀愛層面發展的時候會是什麼感覺。

當你們兩個熟悉度還很低，也不確定彼此好感度時：

「我（時間）要去一個（活動），妳有空的話可以①／要不要②一起來。」

這種邀約是最沒有壓力的，因為有一個活動可以讓你們「沒有一定要兩人相處」，她如果不喜歡或有壓力的話，

可以專心在活動上或跟你以外的人互動，也可以自己選擇什麼時候前往、離開。

①

「可以一起來」比較沒有「一定要個答案」氛圍，所以可以講完就換話題也不會突兀，因此這種說法是最沒有壓力的，但同時也是最「沒有戀愛意味」的約法。因為感覺任何人都可以被問，這樣的問法沒有表示出「希望她去」，這問法問任何人、你沒興趣的人都有可能。

而因為每一段關係都是獨一無二的，有些人如果對你已經有很高的好感（而且她屬於比較直接的類型），這種約法可能反而會澆熄她的熱情。所以一定要提高自己的感知能力，去感受每一段關係的能量流動，不要用「常識」或「經驗」去判斷自己要做什麼。因為她不是你過去遇到的人，也不見得適用於你認為的「常識」裡。

②

「要不要一起來」比較有針對性，語氣上比較是想要等對方給一個答案。而有針對性的也會比較曖昧，有「希望妳可以來」的意涵。當然我能給的只有句型，無法示範語氣與說法給各位看，但就算①也可以利用語氣來製造「希望妳到場」的氛圍，配上意圖性低的句型就會有中和

的以及曖昧的效果。而②也可以說得很像單純在問一個沒有戀愛感的朋友。

當然問的場合、時機、媒介以及周遭環境狀況也會影響這句話給的訊息，如果你過度簡化真實生命經驗的複雜程度，就很難掌握人際間相處的眉角。當然在問了這句之後，對方也許會接受或是拒絕，接受了，你就有機會跟她交換聯絡方式（以便她參加的時候有問題可以聯絡你），當然不交換也可以，並不是所有的狀況都是「有進度」等於「舒服」，就看你們兩個關係的狀態。

如果對方拒絕的話，你當然也可以使用你的回應來創造彼此之間的氛圍。如果對方剛好沒空（要看對方回沒空的方式是她很想去但不行，還是只是拿沒空作為理由來禮貌的拒絕）。回應方式有非常多種，如果對方其實想去，你想表達對對方有好感的回應，你可以失望地說：「蛤好可惜哦」或「如果有妳去一定更好玩」。如果你覺得目前慢慢培養感情彼此會更舒服，那麼可以說「那我下次再找你」。

若對方其實只是拿沒空來禮貌性拒絕，那你也要回應對方的熱度（一來一往並且力道要差不多，記得嗎？），直接結束話題是一個好方法。有時候你可能會遇到一種女

性是你邀約她，她會觀察你被拒絕之後的反應，你被拒絕之後完全不受影響反而會讓她變得有意願主動約你。

　　所以我再度提醒，不要簡化真實生活經驗與人個體性的複雜程度，你的邀約就算失敗也不代表是長期的失敗，你的邀約成功也不代表是長期的成功。很多卡在第一階段的男性就是過度簡化了真實世界的經驗，過度執著「邀約成功」才等於成功，於是開始死纏爛打，或是對方願意跟自己出去就沾沾自喜覺得對方喜歡自己。

　　另外一種邀約方式是「限定於**短時間**內交流」的，這種就可以用在熟悉度（擁有比較多對方的個人訊息，例如交友軟體上聊天認識）稍微高一點，但是不確定彼此好感的狀況（也有可能是已經認識很久的人，突然想要往戀愛層面發展可以用的）：

・【步驟一】提到你會到對方所在位置的附近・

　　「我今天中午跑業務剛好會到____，是不是在你公司附近？」

　　「禮拜六晚上我在____（在對方會在的位置附近）有個飯局。」

·【步驟二】等待對方回應·

「我今天中午跑業務剛好會到＿＿＿，是不是在你公司附近？」看她的反應是覺得你到附近她很開心，有想見面的意願還是感覺想避開。如果是前者的話就前往第三個步驟，或主動一點的女性會自己開口邀約你。如果是後者的話就把邀約的意圖放掉，可以問說：「**那附近有什麼好吃的？／有什麼店，我剛好要買東西。**」

很多人把步驟一跟步驟二結合在一起變成一個步驟，我覺得這沒有不行，但是那建立在你們兩個熟悉度已經滿高的前提下才會令人舒服。如果熟悉度已經到了一定程度，其實就可以直接問：「**欸我那天午休時間會去你附近，要不要出來吃午飯①／跟我吃午飯②？**」

①一樣是針對性較低，比較沒壓力（張力）不曖昧。②則是針對性高，壓力（張力）比較高也比較曖昧。如果有順應能量流，就會是張力，沒有順應就是壓力。

‧ 【步驟三】開口邀約對方 ‧

① 「（那）你想不想一起吃午飯？」
② 「（那）我請你喝咖啡／吃飯。」
③ 「妳有空出來的話我們可以小約個咖啡。」

① 適用於你不確定對方想不想跟你見面的狀況（答應率低於六成時可使用）。

② 適用於你大致確定對方會想跟你見面，但不確定好感成分的狀況。

③ 適用於你確定對方會想跟你見面，好感成分不重要。

記住這個邀約的重點是「順便性」，以及讓對方確定「短時間內會結束」（也就是提到你有下一個行程，或對方有下一個行程）。因為順便或順路而不是專程，所以壓力不會那麼大，但你也表達了想要跟對方見面的意圖。

我會覺得如果熟悉度／好感度任一項還不足的時候，用多次「小約會」培養熟悉度其實是一個很好的方式。其它小約會的方式也有像是「順路送對方回家」（可以是開車載或你多走一小段路，但不要太大段路或不順路），也

就是各種「剛好可以相處一下下，也確保一下下就可以結束」的任何狀況。

上面的句型把「那」字括弧起來，是因為有「那」就會比較不曖昧，而沒有「那」就會比較曖昧一點。因為「那」這個字有著「我是因為剛好經過所以」的意味，沒有「那」字就沒有強調「因為我順路」的感覺，想見面的訊息是比較強的。因此，有「那」字的句型其實更適用於還沒有那麼曖昧的狀況。

我覺得直男在這部分會容易以為「強硬的語氣」等於有自信的表現，不過我認為不論你的表現方式是否有自信，「如果你願意／如果你有空」這種尊重對方意願的表示還是有必要的（無論你是不是這樣表達），對於一個懂得自愛的女性來說，這個示意是非常重要的一件事，比你想像中還要重要非常多。

這就是女孩子口中的「紳士的男人」，是能夠清楚並且 unapologetically（毫無歉意地，但不是逼迫的）表達自己的慾望，同時也能接受對方拒絕與「不想要」的男子；而不是以為自信就是我說出我想要，覺得女生一定要想要才識相，或那種怯生生、看女孩子臉色唯唯諾諾的態度。

表達詢問對方意願的句子有：（你）想（不想）／要

（不要）／（願不）願意／（可不）可以／能（不能）／好（不好）／喜歡（不喜歡）／有（沒有）這個榮幸。

而 PUA 常用的「二選一」模式，就是還沒有確定對方想不想跟你出去，就直接問什麼「你想吃義大利料理還是日式料理？」這種把「拒絕」的阻力提高的拙劣手法，懂得自愛的女性是不會鳥你的。她們不是會直接無視你（已讀），不然就是會說「都還好耶」，這時候你如果再問「那墨西哥料理呢？」就顯得很白目了。（因為誰會同時不喜歡義式與日式料理？）

在 PUA 的教學裡面，可能會教你「先確定對方態度但自己不先表態」的句型，例如：「你覺得我們有機會嗎？」「你想跟我單獨出去／約會嗎？」「你對我有好感／喜歡我嗎？」等等。

同樣的，這些句型對於缺愛女孩來說是滿有用的，但對於懂得自愛的女性來說這是一個大大「快逃」的訊息，因為這顯示了你是一個沒有擔當且不想承擔受傷風險的膽小鬼，在這樣狀態中的人是不可能成為好伴侶／戀人的。自然地，這本書也不可能會教你要怎麼樣不表態，因為那對成熟的個體來說，真的不是一件有吸引力的事。

不懂得自愛的女性也許會因為不知道怎麼拒絕而順著

你的話去說,但這也不代表她們「很有意願」。我個人是不太懂把「沒有很有意願」的女性連哄帶騙的騙出來,到底有什麼有趣之處?跟真的想跟自己出來的人約會不是比較好玩嗎?

如何約會後再預定下一次約會

當你大致上確定你們單獨出來會有一段滿愉快的時光,就可以邀約對方長時間單獨出門了,而我認為到這個階段其實不需要什麼技巧,把自己的心情跟想做的事講出來就好了。

運用上一篇的三種句型,你可以這樣組合:
1. 表達自己的感受＋詢問對方意願
2. 表達自己的意願＋詢問對方感受
3. 詢問對方的意願
4. 單純表達自己的感受／意願

實際上的句子可能像這樣：

①「我覺得跟你相處很開心，你想要的話，下次我們單獨出來好嗎？」

②「我很想要再進一步認識你，你跟我有同樣的感覺嗎？」

③「我下次可以正式約妳出來約會嗎？」

④「跟妳相處的感覺讓我很心動，我已經很久沒有這種感覺了。」

④看起來沒有要對方的答案或確認意願，但這種句型就是讓對方決定要不要給予回應，你不需要對方回答你，你只是想要表達自己內心的感受的時候用，對方如果想回應就會回應。雖然沒有詢問的動作與形式，但是「讓自己表態（脆弱）但不要求答案」就是一種尊重的表現了。

這四種方式使用的時機與情況的差別都很細微，這邊就不花太多篇幅解釋，先慢慢的學會感受上面提到的每種句型、用詞及不同用法順序的差異。應用在通訊軟體上的聊天，就會加上更多元素，例如：分幾句講、多久回、用什麼貼圖、什麼標點符號或顏文字，這些都會影響互動的氛圍。本書不會提及面對面互動以外的例子，因為我希望大家能有更多真實的互動。

　　　　　　　　　　　　　　寫給想愛的男人們

・範例 A

「我想要帶妳去 ＿＿＿＿＿ 」

「我想要跟妳一起 ＿＿＿＿＿ 」

「我想要我們一起 ＿＿＿＿＿ 」

「我想要妳陪我 ＿＿＿＿＿ 」

請問這幾種表達方式給你什麼不同的感覺？

你覺得應該在什麼樣的時機使用什麼樣的句型？

・範例 B

「我很高興」、「我好高興」、「我超高興的」

這三種表達方式給你什麼不同的感受？

以上練習都沒有固定的標準答案，各位可以跟身邊的朋友討論，集思廣益並且自己感受，取得屬於自己的答案。也可以發揮自己的想像力，自己去發想不同講法與語

句的組合，也請記得對不同的人講一樣的話的效果也是不同的，這種討論也可以成為很有趣的聊天內容。

寫給想愛的男人們

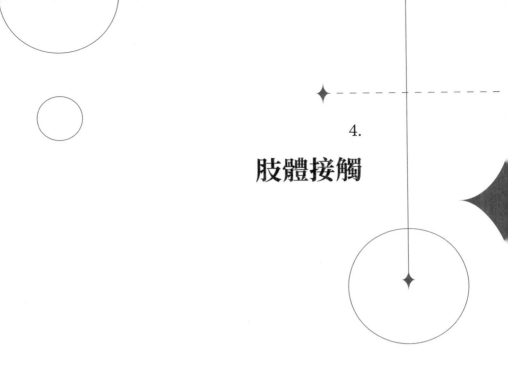

4.

肢體接觸

如何做初步的肢體接觸

　　請千萬不要為了「推進關係」而碰對方，也就是不要為了碰而碰。很多教 PUA 的都是用這種邏輯在教怎麼做肢體接觸，但說實在的，只要是帶著這個意圖的觸碰真的是非常讓人不舒服。除非你面對的缺愛女孩已經對你的外型跟氣質有高度好感，不然其實真的不 ok。你的確可以用這種方式吃到豆腐，或是拐缺愛女孩跟你上床，但懂愛的女人一定會離你遠遠的。

肢體接觸這個東西，如果是為了服務自己，無論是為了吃豆腐還是推進關係，都很容易被抓進警察局。但如果你的心態變成我要如何運用我的肢體去服務對方，那肢體接觸對懂愛的女人來說才是一種加分。例如對方快被車子撞到的時候伸手把對方拉到安全的地方、對方差點跌倒的時候扶一下對方。

或是在社交場合時，為了讓對方更融入這個場合、聊天的氛圍而做的觸碰。這種觸碰比較細微，可以參考《The KK Show》YouTube 訪問李小牧那集，李小牧先生觸碰女主持人凱莉的時機點與感覺，就是後者「服務對方但不是解決明顯問題，碰了反而讓對方更舒服的肢體接觸」。不過這個真的是對感受掌握度很高的人才可以用，如果你其實不知道什麼時機點該做這件事，或為什麼要做件事，最好都不要做不是解決明顯問題的肢體接觸。

再強調一次，初步的肢體接觸是為了服務對方，而不是為了達成自己的目的。

寫給想愛的男人們

如何做進階的肢體接觸：接吻、牽手

接吻與牽手就完全是情慾方面的表達，口頭詢問當然是一個很好的方法，但如果你不喜歡口頭詢問，在做這件事之前先執行這個動作的 70% 也是一種方法（就是快要碰到但沒有碰到）。

例如如果氛圍很曖昧，你想要親對方，先跟對方四目交接至少 4 秒（這個是一定要先做的，如果你不知道為什麼，那我會建議你先不要嘗試與異性接吻，直到你能在感受上理解為什麼要先做這件事。為什麼要四目交接四秒左右呢？這個絕非用理性跟腦袋去理解的事，也不是你真的跟對方互看 4 秒就可以，這邊我不傾向解釋，因為那是要用心去理解的，在你不理解之前，請你先口頭詢問對方的意願。）

若對方沒有移開目光，你再把頭往前靠，對方如果有「輕輕地」把眼睛閉起來，或是她的頭也在靠近你，她的「自發靠近」就可以視為一種意願的表達。

所以要吻對方的時候一定要給予對方足夠的時間反應，讓對方確定自己想要跟你接吻，你再吻下去。因為有時候就算對方對你很有好感，也不見得當下就想跟你接

吻，再強調一次，不要簡化人個體性的複雜度。如果對方的眼睛是「緊緊閉著」，那就代表對方「理智上覺得自己應該要接受你的吻，但她的身體其實還沒準備好」。

這時候我會建議你停下來，如果你發現她對你其實不是戀愛的感覺（很多理智上覺得你是個什麼都好的男人但就是沒性慾，也會想試著親親看，想說會不會因此有感覺），你可以溫柔的笑笑地對她說「不要勉強自己啦」。

如果對方對你是有戀愛感的，但不管是因為什麼原因所以沒有準備好，你可以轉而去親額頭、臉頰，或摸摸她的頭。要選擇轉而用什麼樣的方式去對應她「還沒準備好」這點，也非常考驗你的感受力。做得好就會非常浪漫且令人感到溫暖，做得不好就會更尷尬。所以如果你的感受力掌握度還不高的時候，最好就是直接停下來就好了。

牽手也是，走路的時候把彼此的距離慢慢拉近，看看對方的反應（一樣要給對方足夠長的時間反應），然後當距離夠近一段時間之後，用手背時不時地碰對方的手背，對方如果沒有把距離拉開，或是你也感覺到對方正在刻意的想跟你有更多觸碰，那應該就是綠燈了。

當然這只是普遍的狀況，我舉一個我之前遇到的一個很可愛的例子：我跟一個男生去聽喜劇，會場裡面的冷氣

寫給想愛的男人們

開得很強，對方似乎比我還要怕冷，他一直在我旁邊搓手跟發抖（不是很明顯但我注意到了，我覺得他有感覺到我有注意到。我也感覺到他好像有想要牽我的手的想法），然後過了大概 5 到 10 分鐘，他就悄悄地跟我說：「我好冷哦」，然後把手背輕放在我手臂上讓我感覺他的手有多冷。

　　我也滿喜歡他的，而我一點都不冷，我就把自己的手掌伸出來，示意他我可以幫他的手取暖，接著他就握住我的手然後很滿意的說：「真是個握妳的手的好藉口」。他最後這句話真的超級加分，讓我覺得這整件事很可愛（如果他沒講最後一句我可能還不會那麼喜歡他，就覺得，哦又是一個想找藉口吃我豆腐但不坦蕩的傢伙）。這裡的重點是我也想要碰他，而他也讓我感覺到：如果他感覺到我不想碰他，他是不會這樣做的。

　　當天我們也有接吻，他前面做了好幾分鐘的鋪陳，讓我有心理準備（但鋪陳的部分，我覺得並不是大部分人都適用的好例子，所以就不詳述）。以結論來說，他跟我說「我想要親妳」，然後說完看著我等我的反應（雖然我很喜歡他，但因為他不是我的菜，所以我有點難想像跟他親熱的感覺，不過他有給我足夠時間感受我想不想要，這大

概是影響我最後答應的主要原因之一。我大概看了他 3 秒之後點頭說好。那是我這輩子體驗過最享受也最難忘的吻。）

　　我覺得在第一次牽手時，如果你不是很確定現在是否適合，也可以先碰碰對方的指尖或單一指節的部分，看對方的手有沒有回應，或是不是放鬆的。等到對方對於觸碰感覺是「想要」的時候再整隻手牽住會比較好。至於接吻與牽手以外的更進一步的肢體動作，都不要在牽手與接吻以前做會比較好。

5.

如何表達自己的
正面與負面的感受

　　雖然我們不能簡化個體與真實生命經驗的複雜程度，但人與人相處仍然是很單純的事情，只要掌握以下要點就行了：正面的表達只需要「表達自己的感受與意願／喜好」、「詢問對方的感受與意願／喜好」。負面的表達則是「表達自己的感受／喜好」、「說明對方的行為與話語如何對你造成影響」跟「表明自己如果再遭遇這樣的對待會怎麼做。」

　　這邊要比較注意的是「表達的方式」不要落入「指責、指導與要求」。我在臉書上面看到一則很棒的文章，裡面

說：「成年人的世界，只篩選，不教育。」（取自吳崟睿 2023/02/21 的臉書貼文）當對方做出你不喜歡的事情時，你只需要「告知對方你不喜歡這樣」，因為對方本來就有「做所有事的自由」（包含當壞人）。

　　對方就算冒犯到你，她也沒有做錯任何事，你也沒有做錯任何事。因為她本來就沒有義務要讓你舒服，你也沒有義務讓她舒服，要不要讓對方感覺良好，這完全是各自的選擇。對方如果想持續這段關係並且尊重你就會改善，但對方也沒有義務改善，因為關係是可以結束的。如果沒有改善但對方也沒有想結束關係，那請由你結束關係，不要「教育對方」或是「要求對方為你改變」。

　　正面的表達：
　　「我喜歡妳笑的時候有酒窩。」
　　「我很喜歡妳在吃飯的時候會夾菜給我。」
　　「我覺得跟妳在一起讓我很安心，很像回到家的感覺。」
　　「我想_____。」
　　「早上能看到妳的訊息真的是一件很令人開心的事。」

寫給想愛的男人們

「謝謝妳願意＿＿＿＿。」

「妳做的菜真的很好吃，真希望每天都可以吃到。」

「（妳）喜歡（＿＿＿＿）嗎？」

「（妳）不喜歡（＿＿＿＿）嗎？」

負面的表達：請針對對方的行為或話語，而**不是**針對這個人。也請不要因為你不開心就逼對方改變來服務你。

「我不喜歡＿＿＿＿。」

「我很討厭女孩子覺得我有義務處理她的情緒。」

「妳做的每一件事都很打動我，這會讓我覺得很害怕，害怕自己越來越在乎妳到無法控制自己或想控制妳。」

「妳這樣做／說，我感覺不被尊重／滿不爽的。」

「我不想要，因為＿＿＿＿。」

「＿＿＿＿讓我覺得我們可能不是那麼合適。」

你喜歡一件事或不喜歡一件事是不需要理由的，無論它合理還是不合理，你不喜歡就是不喜歡、喜歡就是喜歡、想要就是想要、不想要就是不想要。你想要提供理由可以提供，但不想提供也可以不提供，你並沒有義務說服對方為什麼你喜歡或不喜歡。

　　我們很常發現如果我們開始為自己的喜好「找藉口說服對方」時，對方就會覺得可以用道理或其他方式來改變我們的想法。你可以提供理由，但如果你是在幫自己的喜好「找一個存在的合理性」，那麼你就會給對方一個「我講贏你，你就必須改變」的印象。但如果你給理由只是為了讓對方更懂你，你本來就覺得你的喜好有無條件存在的理由，那麼對方在你身上就沒有改變你的槓桿與支點。

　　一個需要你說謊或偽裝自己來取悅她的女性就不是你該選擇的人，無論她有多漂亮或個性多好。（為什麼個性好不一定行呢？我們等等會說到。）

　　也請謹記一句話：**做你想做的事，但記得沒有人欠你。**很多男人會覺得自己在對方身上投入這麼多心血，如果就這樣不聯絡會覺得不甘心或可惜。因此如果你從頭到尾都沒有做自己不想做的事（是為了目標而做），那麼你就不會覺得不甘心或可惜。

　　　　　　　　　　　　　　　　寫給想愛的男人們

請你為自己的選擇負責，不管對方有沒有刻意「誤導你」，讓你覺得你跟她有機會，你選擇投入金錢或時間精力都是你自己自願的，對方就算誤導你其實也沒有限制你拒絕她的權利。為什麼對方誘導你，你就要去做呢？

　　不管對方用什麼方法讓你覺得她會滿足你的慾望，只要是你不想要做的事，就算她真的會因為你做了而滿足你的慾望，也請你不要做。無論你是否有戀愛經驗、是否受女性歡迎，都請看得起自己一點。

　　而你會被「誤導」，也是因為你並沒有足夠接觸自己的內在感受，你並不「知道」事情的真相，而是根據「你認為的常識」與「過去經驗」對事情下「判斷」。如果你足夠接觸自己的內在感受，會感覺到對方的「誤導」裡並沒有誠摯的情感，只是為了讓你繼續喜歡她、服務她的能量而已。

　　不管做什麼，你都要想「**如果今天我什麼都沒獲得，我想做這件事嗎？**」如果答案是不想，那就請你不要做，如果答案是想，那就去做吧。

6.

如何篩選
適合自己的對象？

　　前一篇文章談到，就算「個性好」的女性也不一定是你該選擇的人。你可能心想：「個性好很好啊，有什麼問題嗎？」個性好當然很好，也沒有任何問題。但個性好歸好，她不一定能接納你的真實。

　　因為一個人性格好可能是因為她認為自己「必須要當個好人」，而不是因為自己真的想要去做那些好事或採取好的態度，因此你會發現跟「個性好」的人交往不見得是一件很快樂的事。尤其當那個人的「好」並非源自於真正的選擇，而是源自於恐懼與壓抑黑暗面時，跟「好人」交

寫給想愛的男人們

往就是一件壓力極大的事情。

　　就算對方什麼都好，沒有什麼「可以挑剔」的地方，也不代表你就要選擇對方或是應該要喜歡對方。一個人再怎麼好，你沒感覺就是沒感覺，而你沒感覺的人就是不適合你的人。同理，你會不會被選擇跟你「夠不夠好」完全沒有關係。

　　如果戀愛市場整體的品質要提升，那麼我們需要做到兩件事：陰性不再因為恐懼而跟自己沒感覺的人結婚，陽性不再因為性飢渴而飢不擇食或討好。當我們都願意不妥協而維持真正的獨身，我們就能砥礪彼此都更加進步。我們目前會比較難做到這件事，是因為我們還是卡在條件交換的心智階段，覺得選擇權不多的人就沒資格挑。

　　但我抱持相反意見，無論你是否是個搶手的人，你都有資格喜歡你最喜歡的對象，就算沒有其他人可以選，也有資格拒絕不符合你標準的對象。我們都被上一代灌輸一個謊言，一個「想要真愛，想要對方讓自己有感覺又有安全感是一種貪心」的謊言。

　　我個人認為上一代的人有個共通心病：「我沒得到的，你也不可能可以得到。」別人所認為的「現實」很常禁不起推敲，通常只是一種被恐懼控制的悲觀幻想，不見得等

於真實，這代表大部分你遇到的對象都會是不合格的，這很正常。要知道，遇到真愛，對方讓自己有感覺又有安全感的對象仍然是難能可貴的。

我們要對真實世界的戀愛市場建立一些正確認知：

1. 一個人有可能隨時從好對象變成爛對象，也可能從爛對象變成好對象。對方的意圖會決定他是否是好對象，而意圖是有可能隨時改變的。

2. 一個人對你而言有可能是爛對象，對別人有可能是好對象。我們每個人都會因為遇見不同人而激發不同的自我。因此你對這個人的個人經驗不代表別人跟這個人相處的經驗，請不要覺得自己的真相就是其他人的真相。

3. 一個好對象不見得適合你，一個適合你的對象也不見得是好對象。

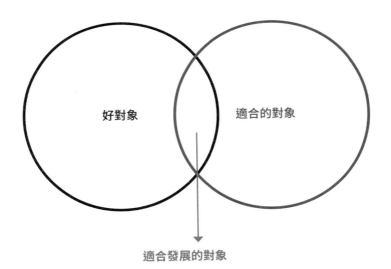

好對象　　　　　適合的對象

適合發展的對象

這邊我們來定義一下何謂「好對象」與「適合的對象」。在本書定義中的「好對象」是能夠清楚表達自己立場與感受，不糊弄對方的人，不利用言語的模稜兩可占別人便宜的都是「好對象」。而「適合自己的對象」在本書定義中要符合以下的條件：

1.　你對對方有性慾與戀愛感（身體有反應並且充滿能量）。
2.　雙方都不會想要改變對方，也不會希望對方犧牲自己。
3.　都願意服務彼此讓對方開心。
4.　對未來的藍圖有高度相似的想像。
5.　彼此對關係發展的意願程度差不多，喜歡程度也差不多。

　　好對象在表達想要什麼的時候，不會用很曖昧不明、讓人搞不清楚的態度。就算對方的現狀是「現在仍然無法下定論、還不清楚自己的感受」，對方也會明確地跟你表達：「我現在還不知道我對你確切的感覺，請給我一些時間，我再給你答覆。」

日本版的實境節目《盲婚試愛》裡心美與亮太郎就有展現出這樣的品質。心美在亮太郎向自己求婚後，自己也跟對方求婚，她對亮太郎說：「我想讓你幸福，請跟我結婚。」心美了解一件看起來很微不足道卻很重要的事：對方向自己求婚是對方的表示，並不代表自己對對方求婚是多此一舉。

　　無論是男人還是女人，「好對象」都會確定自己的心意，並且願意冒受傷的風險去表明，再來詢問對方的意願。就算對方跟自己的意願是一樣的，也會好好地表達自己的感受，讓對方「確實知道」自己的感受。但所謂「懂得清楚表達自己的立場與感受」，不見得是指愛的告白，有可能是任何形式的告白。

　　如果你想要穩定關係，但你遇到一個想要開放式關係的人，或是只想要搞曖昧，只要對方能清楚表達，那在本書的定義裡，他就是一個「好對象」但並非「適合你的對象」。對方在關係真的深入之前，只要很明確地說「我想要的是開放關係」、「我現在沒有進入關係的打算」、「我現在還不清楚我想要跟你發展什麼樣的關係」，這些都算是「有清楚地表達自己的立場與感受」，不糊弄對方的狀況。

因此，一個「很會搞曖昧」的人並不是好對象。如果這些很會讓你心情起伏的人還「裝傻」，那就更不是好對象了。例如對方可能說「我不知道你會誤會耶」之類的話，但如果他真的這麼遲鈍，就不會有能力做很多讓人誤會的小動作，他就是故意要讓你誤會，然後如果事情往自己不想要的方向發展時再來裝傻，整件事都是算計好的。

　　我有個朋友她對自己的上司有好感，上司是已婚人士。公司的同事平常都是用公司通訊軟體聯絡，那位上司在下班聚餐跟朋友有了曖昧的交流後，刻意找到朋友私人的聯絡方式，用私人平台聯絡，使朋友胡思亂想，但言詞上又特別的保持適當距離，不留下任何把柄。

　　如果不仔細推敲，你會覺得這個上司其實「也沒做什麼事」，平常在公司受人尊敬，大家對他的風評也都很好，一直是個「很棒、沒有證據可以挑剔的人」。然而在一個足夠相信自己感受而不被形式蒙蔽的人的眼中，會知道這個上司其實心機非常重，而且非常會利用他人。

　　話說回來，如果說對方「真的不知道」自己這樣會讓人誤會呢？那就更不是好對象了，因為一個不懂得體察他人心情，不知道自己的行為舉止會給他人帶來什麼影響的人，怎麼可能有能力去維持一段關係，帶給別人幸福呢？

寫給想愛的男人們

所以一個人平常表現是否優秀或是人好不好，其實「根本就不是」判斷一個人是不是好對象的指標。因為我們深層、黑暗的情感面向只會在面對家人、情人的時候被牽引出來，普通關係的他人是看不到我們這些面向的。尤其當一個人城府越深，越是如此，而且城府越深的人當然不會讓別人發現自己城府很深。

　　如果明明在關係中被弄得很痛苦，卻還是抓著「當初的印象很好」或是「對方也沒有做什麼「很大的壞事」，只是態度不明確，或者是用「對方在大家眼中形象跟評價都還是很好」這類的理由，來堅持一段關係的話，那就容易一直陷入無法找到幸福的輪迴之中。

　　再來，一個很會說「別人想聽的話」（刻意投其所好）的人也絕對不是好對象，但這種人超級容易被錯認成好對象。因為內心越是空洞的人，在討好別人的時候對自己心裡的抗拒越沒有自覺，都是當自己「達成目的」之後就會馬上變了一個人，想要的東西跟性格都會前後矛盾，他們自己可能也不知道自己為什麼會這樣。（在《盲婚試愛》裡的搞笑藝人小田與後來才說「自己還沒準備好結婚」的年輕人，就是典型的例子。）

　　一個好對象講的話絕對是建立在「講自己想講的

話」、「做自己想做的事」的前提上，只是剛好這句話「是對方想聽的」，跟這個人很懂得如何真實的表達，同時也懂得說話的藝術。

也就是說，那些在分手的時候說「我們當朋友吧」，卻馬上避不聯絡，也沒有任何「朋友」態度的人，並不是好對象。雖然人們會說這樣的人是個「好人」，但我完全不認同，我認為會說出違心之論的人都只是很懦弱，而懦弱並不等於善良。

真正的好對象會這麼說：「雖然我也希望我們分手之後可以當朋友，但我覺得我應該做不到。但還是希望你可以過得越來越好。」

這個指標不分男女與狀況，也就是說在關係一開始的時候也能夠使用這個指標了解這個人是否有這樣的特質。舉例來說，一個「好對象」在邀約的時候會這麼說：

男生表態的狀況

「我想跟你一起去吃飯」、「我想要多花時間跟你相處」

雖然有可能因為表達而被拒絕，但不會總是繞過表態

的階段，用其他狡猾、不會受傷的方式去包裝自己的心情與意圖。當然並不是每一種狀況都適合明確表態，重點是你要去觀察這個人到底是否「言行一致」、「內外一致」。

女生表態的狀況

「我想跟你一起去」、「還想跟你待在一起久一點」、「可以跟你約會我很高興」

或是告白的時候這麼說：

（O）「我喜歡你，你喜歡我嗎？」（先表達自己的立場，才去詢問對方）

（X）「你喜歡我嗎？」（想先確定對方的立場）

或是不想交往只想搞曖昧時這麼說：

（O）「我覺得我現在沒有想要跟你進入穩定關係的感覺，我覺得維持現狀是我想要的。」

（X）「我們這樣不是很好嗎？」「感情為什麼一定要貼個標籤？」「相愛不一定要用在一起來證明吧？」

一個好對象，不會因為害怕自己丟臉、被拒絕就轉而

用狡猾不會受傷的方式表達自己的意圖與感受，也就是說，好對象會是一個「不管結果如何都貫徹自己信念與想法」的人類。他不會用曖昧不明的態度來綁住對方、獲取自己的想要的。無論他想要的是什麼，如果你們想要的東西不一樣，他有明確表達並且給你離開的選擇，就不需要把對方貼上壞人的標籤，只是你們想要的東西不相同。

但這邊要特別注意的是，適合你的好對象是絕對不會想誤導你，或是利用你的軟弱來做出一個利於自己的決定的人，因為他知道那樣會給自己跟別人帶來更多麻煩。也因此，就算有很清楚的表達，但話語中帶有脅迫、利誘、說服等任何元素的，都可以直接從「好對象」的名單裡排除掉。

一個能堂堂正正面對自己心情的人（不管是否符合道德），才有辦法堂堂正正用不逃避不狡猾的方式面對他人的心情，這才是真正的「尊重」，也才有能力與心力面對生活與關係中的起起落落以及挑戰。這無關乎這個人平時表現得多優秀或人多好，不要被刻意製造的表象欺騙了。

許多戀愛書籍都會教我們用「維持在上風」的方式來維持對方對自己的興趣，大概不會推薦做這兩個看起來很像是「占下風」的行為，但這同時也顯示出這些人沒有擔

當與懦弱。玩愛情的遊戲玩得很好的人，與幸福的距離是最遠的。

　　為何會這麼說呢？因為如果一個人對你的興趣，在你「願意為對方放下身段」的時候就消失，那麼思考看看這是什麼樣的病態關係才會有的動態？同理，如果對方因為你曖昧不明與不慎重的態度而喜歡你，那只能說明對方是一個極度不愛自己的人，並不是真的對你這個人、你的存在有興趣，他只是喜歡不健康的關係裡那種毒品式的刺激。

　　對現在的我來說，一個想知道我的心意但只想試探而不表態的人，是絕對不 ok 的。這無論在任何關係都適用，包含親情友情，我所謂的「表態」是包含任何真實的心情與內容，不一定是愛的告白。表態一定是非常清楚明確、堅定的立場的表達，不包含任何的旁敲側擊、暗示與套話，你能用這個方式來判斷這段關係是否是消耗性的。

　　這是一個高度準確且直指本質核心的指標，攸關一個人面對生命與挫折的態度。我知道這麼說一定很多人會覺得自己中槍，認為「怕受傷的自己」有什麼錯？怎麼就不是好對象了呢？

　　怕受傷沒有錯，但能夠給人幸福的人，絕對是勇敢的

人。一段關係裡只要有一個這樣的人，就能讓關係很長久，擁有平淡的幸福。如果關係裡兩個人都是如此，那就是可以到處散播超強幸福能量的神仙眷侶了。

7.

如何創造邂逅，
而不是搭訕

接下來就要教大家如何認識新的朋友了，我個人很不喜歡交友軟體的環境，所以這本書就不講交友軟體了，我希望大家多多在現實中認識人。

・搭訕與邂逅的差異・

搭訕與邂逅的差別在哪？當我們說到搭訕，想到的畫面會是：一個很刻意想要認識別人的 A，攔下一個完全沒有想要認識對方的 B，由 A 說服 B 跟自己互動，然後 B

就只是被動回應跟看 A 表演。因為整個過程都有一種用脅迫的方式逼別人進入自己框架的強硬感，所以我們會覺得搭訕很刻意。

搭訕的成功率很低以及被人們詬病的原因就也在這邊。不過，如果搭訕的定義是「與不認識的人建立交流」，那我是完全不反對的，但是我不會想要用搭訕這個詞，我更偏好「邂逅」。對於「邂逅」這個概念，我們會這樣理解：一段自然又美麗的相遇，無論什麼時候回想起來都讓人心情愉悅。

在戀愛教學的業界裡有多人會教搭訕，他們認為自己有拿到電話或是女生願意跟他們出去，就等於自己成功了。但我身為一個女性，年輕的時候也曾經因為不知道怎麼拒絕，而跟男生出去、給聯絡方式，也曾經與根本不想要發生關係的男生半推半就地發生關係。

男性請不要小看這個社會帶給女性的壓力，她們內心是否真的喜歡還是厭惡你，很多時候在女性尚未找到自我之前，並不是用行為可以看得出來的。她可能也不太知道自己在經歷什麼。搭訕大多數時候是女性更成熟後，回想起來會非常不愉快的經驗，即使當下可能很興奮或感到虛榮。

寫給想愛的男人們

很多教或學 PUA 的人都會裝得一副自己很不在乎的樣子，然後到處向崇拜自己的人炫耀自己多會把妹。這在明眼人眼中看起來其實都是非常沒安全感的行為。他們口中一邊說「不要暴露需求感」，但他們所表現的只是需求感的拙劣變形，簡直就像跳梁小丑。可能是因為他們拒絕相信自己是這樣，所以都覺得別人看不出來。

PUA 會教學生使用一些固定的套路與話術來提高成功率，這種思維背後的信念是：「如果我不照著某種特定方法做，不說某個話梗、不做某件事，對方就不會喜歡我。」如果你得運用特定的方法，對方才會願意跟你互動，那麼本質上你們就是不適合相處的人。為什麼呢？因為你不是因為「做自己想做的事」成功，而是強迫自己演一個不是自己的角色，當你累了不想演了，建立你們關係的基底也就會瞬間消失。

所以請你放過自己，不要讓自己那麼辛苦，「不需要費很多力氣」就能建立橋梁的關係，才值得建立與維持。你可以用一個友善的眼神讓對方開心，一個微笑就給對方來跟你說句話的勇氣，就是建立在彼此之間本來就存在的好感之上。

這不代表你不需要嘗試改變，或擺爛覺得「要愛我的

爛的人才是真的愛我」，因為你的目的是成為一個可以服務他人的人。當你療癒自己時，你的改變將不只在「形式上」，是在本質上也有了轉變，那你就不再只是在扮演一個角色，而是「發展出不同面向的自我」。

可怕的是這些教搭訕與學搭訕的人大多都活在自己的象牙塔裡，認為對方不拒絕就等於想要，以為女性不喜歡你就一定會拒絕或擺臭臉。這也就造成很多直男研究社裡分享的可怕案例。

要創造邂逅，並不是你讓對方從「沒有好感」變成「有好感」，而是讓「已經存在的好感」，創造出一個與對方「已存在的好感」互動交流的橋梁。

因此你要擁有一個「邂逅體質」—— 一個「什麼都沒做但就會讓人覺得舒服、想靠近」的氣場。怎樣的人會有這樣的氣場？一個想要為他人服務的人。這樣的體質，只有在你不再需要取得異性認同、不再需要向他人炫耀的「戰績」、不需要再與性向族群對抗與復仇時才會擁有。為了達成這點，你需要花大量的時間面對自己內在的脆弱與創傷，並且療癒自己。

那要如何療癒自己呢？療癒是一件講起來非常單純，但做起來非常不容易的事。療癒即是你去面對你內心的所

有不舒服，允許它們存在，並且聆聽這些不舒服要告訴你的事。這些不舒服與脆弱面並不是你要「解決」的問題，反而你越是要「解決」它們，它們越是會控制你。

因為當你把它視為「問題」，就等於你在否定它存在的意義，它需要的是被看見與被允許，而不是被否定與被消滅。因為這些不舒服與脆弱都是你的一部分，它們是你的導師。讓這些感受引領你探索，探索那些不願面對的真實與難以承受的內在感受。

你不需要任何的療癒書籍，只要好好地面對這些恐怖的情緒暗潮，該哭的時候哭出來，該寫下來的寫下來，給自己一個人面對這些情緒的空間。當你在面對它們的時候，你不需要是個男人，你不需要堅強，你不需要是任何東西，你只需要對自己誠實。

8.

「取回」感受的能力

　　氣場如同氣味，如果你尚未療癒自己，就是「臭味」而不是「香味」。每個人都有喜歡的氣味，但並不是「氣味」本身做了什麼事，而是那本來就是我們會產生舒服的感覺的氣味，氣質能量也是如此。

　　一個擁有邂逅體質的人，會用符合能量流動的方式，真正地去認識對方與選擇自己想要互動的人。他不會刻意地跳過培養熟悉度的過程，以「達成目的」來滿足自己的虛榮心。**邂逅是一種為對方服務的饗宴，而不是單向剝削的過程。**

寫給想愛的男人們

那麼要怎麼知道對方想不想靠近自己？

首先請不要用「指標」來判斷對方，指標這種東西根本上就是將人當成機器，一種去脈絡、去人性化的評判方式（一個總是微笑的女生不代表她心情真的很好，願意讓你碰也不代表她喜歡被你碰）。你需要的是放下過去所有的經驗，好好地「感受」眼前這個人要傳達給你的訊息，因為你以前認識的人，不是你眼前這個人。

統計學雖然有它的用途，但是統計學在個體真相上是無用的。當一個人對你微笑，統計學說 100 個人裡面有 50 個人會對喜歡的人微笑，那請問等於這個人對你有好感的機率等於 50% 嗎？不是的，真相只有一個：對方微笑的當下，內在的感受是如何？這與機率是無關的。

對方微笑有可能是對方的禮貌，她或許對每一個人都這樣（而且通常這樣的人對特別有感覺的人有可能會反常地不笑）。個體就是個體，當我們在單一去探討一個個體時，根本不存在所謂的「正常」與「常理」。你如果覺得一個標準化的指標是可以「判斷」個體的真相的話，那就是一種幻想。

透過經驗或常理判斷，也許會因為「誤會」而促成關係的短期順利，但我可以斷言，它並不準確。每個人的感

受在任何時刻都是複雜細膩的（即使本人意識上無法認知，真相就是如此）。能與他人產生真實連結的，是我們的「感受力」而不是「判斷力」。感受力是我們每個人生下來就自然帶著的一種能力，反而「理性的判斷」是一種後天不自然的學習後的能力。

理性的判斷會正確的原因，源自於我們每個人的內在因創傷而機械化，導致大多數人都遵循這些機械化的模式，才會造成「判斷正確」的假象。真實情況是，如果每個人都遵照自己的真實感受生活，不會存在任何一套標準的參考指標。

「感受力」其實正確來說並不需要「培養」，而是「找回」。

感受力不分性別，每一個人都有自己的天線，從我們身為寶寶的時候就有。這天線是怎麼搜集能量資訊的，每個人不盡相同。如果我們沒有的話，就不可能被原生家庭影響這麼深，只因為我們一出生就有很強的感知能力，所以才有可能在「無形中」被如此影響。

而我們會生活得如此的痛苦，就是因為我們被他人用機械化的方式對待，也用機械化的方式對待別人，所以我們才會覺得沒有人懂我們，在暗夜裡覺得寂寞與孤獨，就

寫給想愛的男人們

算有人陪在身邊、腳踏多條船也不滿足。

如果說我們真的要開始真正活著，感受每一個存在、每一段關係、每一個生命，你會發現你「每天」對「每一個人」想要打招呼的方式都「不一樣」。

就如同一杯茶，加不同的物質，味道一定都不一樣，這就是「自然」。同一款茶葉，在不同溫度（時間點）有不同的濃度、放幾天的味道，加不同的東西的量與濃度也都會不一樣。人跟萬物都是隨時都在變化的，就算變化只有細微的，仍然存在。能帶給我們感動的藝術品，也都是能感知到這些對我們來說重要的細節，才使得我們感覺到療癒、被看見。

放下過去經驗帶給你的框架，不再急著下判斷。在 A 身上適用的方式不能套用在 B 身上，甚至不把昨天適用於 A 的方式套用在今天的 A 身上。這時候你可能會有點無所適從，不知道沒了固定規則要怎麼與別人相處，但這就是讓自己面對真實的方法。

不要急著對外界作出反應，讓自己停下來感受。等到自己「有想做這件事的『感覺』」了再去行動。通常我們都不是有了想做某件事、說某句話的「感覺」才行動，而是先照我們自己預設或習慣的方式去做，然後產生了問題

再去解決。

　　請你給自己成為「奇怪的人」的空間，你可以盯著一個人 10 秒，甚至一分鐘再決定自己要不要跟他打招呼，或是不打招呼。許多網路影片都證實，光是眼神的對視，就能夠讓人與人之間產生奇妙的體驗。

　　你需要的不是什麼高超的技巧，而是擁有看破自身幻想的勇氣，以及與這個真實世界互動的意願而已。而這些讓你知道對方是否也想靠近你的能力，你本來就有，只是你忘了。

寫給想愛的男人們

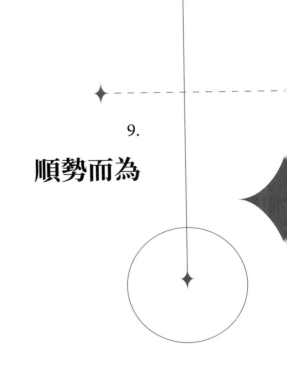

9.

順勢而為

　　當你有了「邂逅體質」之後，你需要「勢」來幫助你們彼此認識對方（請注意我這裡說的是「幫助彼此」不是「幫助你認識他」）。這個章節在你還沒取回感受力之前可能會覺得很難懂，可以等到你找回感受力之後再回來看，會更理解我在說什麼。

　　何謂「勢」？「勢」就是「能量流動的方向」。選舉需要「造勢」，就是將所謂的大家的意志凝聚在一起，並且朝向同一個方向，就會形成巨大的能量流動帶動結果形成。

而關係之間的「勢」呢？如果你在認識他人的時候感覺自己很不順利、很卡，原因就在於不尊重「勢」的流動。勢的流動會決定在此時此刻、這個當下該發生的事。如果你沒有順應它，就會很尷尬很詭異。如果你已經擁有邂逅體質，接下來的關鍵點就是在於你是否有能力「**為對方創造空間**」。

　　大部分的人嘗試認識朋友的敗因大多在這裡：根本不給對方空間。都自顧自地預設立場，並自顧自地朝自己想要的目的行動。所謂的給予對方空間，就像是前面幾章內容提到的：給予對方可以消化資訊的時間與空間。

　　我們很常在吸引的階段使用「丟球」這個形容，我覺得是非常貼切的，但很少人真正懂得這個形容的含義。物理的丟球，如果你把球丟給對方，球是不是就在對方手上？球如果在對方手上，就要等待對方把球丟回來。

　　也就是說，當你丟出了一個訊號，你要給對方自己消化及輸出的時間與空間，而且訊號這種東西是要一點一點地去釋出的。大部分的人會把認識人這件事情弄得很不舒服，就是把對方當成沙包拼命地丟球，不然就是丟的球太大顆。

　　基本上這兩個問題的核心都是同一個：根本沒在管對

方的意願與心情，只在乎自己想得到的，抑或是認同、抑或是不想被拒絕。如果一個人缺乏承擔被拒絕的能力，就會容易讓人不舒服，因為他會逃避與扭曲現實，並且不允許對方自由的表達。

無論在什麼場合，在有任何的互動之前，一定要讓對方先注意到你的存在。如果對方完全不知道你的存在，你馬上去點人家肩膀並問說「我想認識你」，這會嚇到對方，而且會讓對方感到非常不自在。這就像是溫水煮青蛙一樣，雖然每個人加熱的速度不同，但同樣都要從室溫開始煮，你不能跳過任何一個溫度直接上升到某個溫度，你可以停止加溫，但不能根據意識擅自降溫。因為你們兩個的溫度是怎樣就是怎樣，只是你選擇做出來的事情有沒有**符合那個溫度**而已，沒有就會很怪，有就會很自然。

如果想要創造自然無違和的邂逅，「不可以」跳過任何步驟，不過這些步驟根據不同狀況可能可以進行得很快。

第一個步驟就是要進入對方的視野之中，讓對方「知道」他的環境裡有你這個人的「存在」。例如當我們進入一個場域，例如車廂、書店，我們都會大概看一下周遭有什麼樣的人，再決定自己要移動到什麼位置。但我們移動

的時候場域會縮得比較小，甚至可能根本沒有注意到身邊有什麼人。

　　當我們的「意識場域」越小的時候，越沒有「勢」可以幫助我們，邂逅就會越難成功。意識場域什麼時候會很小呢？當我們在快速移動在趕路的時候，我們的意識都在未來要到的那個地方，並沒有停留在現在的位置上，所以這時候最好不要吵對方，你們就是無緣（除非不小心相撞，對方的意識場域才有可能突然回到所在地）。捷運車廂也不太方便，當一個地方的能量越不固定，你擁有的「勢」越少。

　　我們的意識場域什麼時候會大呢？當我們進入一個預期會「待著」的地方時，例如要去咖啡廳工作時，我們的意識場域至少會包含在座位周遭。密閉空間的社交場合意識場域會最大，因為我們進入那個場域就是想要尋找想認識的人，至少會環顧四周把所有存在的人都掃過一遍（但要記得這只是一個通則，每個人的狀態還是不一樣的）。當女性進入比較容易發生危險的區域時，意識場域也會變大，但並不是為了認識人而是為了防禦危險。

　　確定自己進入了對方的意識場域之後，**第二個步驟是要讓對方知道你的能量是朝向他的，白話就是「你在注意**

寫給想愛的男人們

他」。這邊的能量不能放得太強，很多人會不自覺變得猥褻（如果是女性，就會讓男人覺得很壓迫），就是在「注意對方」這個步驟時放了太多慾望與動能進去。

這源自於對自己的自卑感，你覺得跟對方的差距越大，無論是你是高還是低，都會讓對方有種不舒服的感覺（但對方不舒服不一定會擺臭臉，尤其你的地位比較高時更是如此，但這必定會有後續的麻煩）。如果你就是沒辦法放輕鬆，那這就是你得先處理的議題，先不要談什麼舒服地認識別人這件事了。

這個步驟與順序也適用於同性之間的認識，不只侷限於潛在的愛情關係。

第一個步驟到第二個步驟會花多少時間，取決於當下的條件。例如你自己狀態好不好、對方狀態好不好，或者是你們兩個彼此之間自然產生的吸引力、這個時間點、這個場景有沒有什麼阻撓等等。

如果想要認識常常坐同一班火車上班的人，那麼從第一個步驟到第二個步驟可能要先經過很多次相遇，當然也有可能一次相遇就行了（慢不一定不好，快也不一定好，也許在社交場合只需要 2 秒鐘就成了）。不過，這並不一定是在火車上的時間能決定的，決定你們會花多久時間去

經過這些步驟的，是由你們兩個關係本質決定，你只能順應你們的溫度成長來選擇做什麼，一旦想逆勢就會變卡、變奇怪。

意識場域越大時，環境裡越有可以合理運用的東西，來當作彼此互相認識的潤滑劑，認識的難度就會越低。意識場域越小時，越沒有合理的理由與道具可以當潤滑劑，所以得依靠兩個人彼此的原生吸引程度，以及有多少「勢」幫助彼此。

不同場域所適合的工具是不一樣的。例如書店的場合當然就是能用「幫忙拿書」或「詢問對方看什麼書」這種方式跟對方建立互動。

不管是第一個步驟還是第二個步驟，你都要等待對方給予同等的回應才能進行下一步。第一個步驟，在你進入對方的意識場域之後，要給對方一段時間來習慣你的存在，等待對方也主動進入你的意識場域。

對方有在能量上回應了，你才能進行下一個步驟。同樣的，第二個步驟也要等對方給自己同等的回應。首先是習慣了你的注意，也給你一些注意力時，你才能進行下一個步驟。

第三個步驟是「**釋出好感**」。釋出好感沒有什麼其它

的方法，就是「笑意」。無論你要怎麼笑，你要表現最適合你們兩個當下能量流動的笑法，抑或是害羞撇頭的笑，或是抿嘴的笑，或是燦爛的笑。

如果你們兩個之間曖昧的張力沒有那麼大，比較偏向友誼的能量，那麼也可以兩個人湊巧在很近的距離時，輕鬆地說：「常常看到你耶」。如果你選擇談話，你要衡量此時你們兩個之間的能量，是否要講一句就此打住，並不是每次說話都要一直延續話題才是好的。

在第一次對話時，如果彼此之間還是有點曖昧張力，有時候講一句就夠了，對方也不一定要回答。最好是講對方不需要回答的句子，因為你主動開創了一個關係裡的新模式，要給對方空間與時間消化突如其來的資訊。這時候你如果丟問句，語氣又沒拿捏好，就會很像是在逼對方回應，除非你感覺到對方已經等你開口很久了。

如果你感覺到對方沒有跟你有同樣力道的回應（無論是不是語言），卻又硬要延續對話其實會挺尷尬的（例如「你也住附近嗎？」），這種對話適合下一次遇見時開口說話的時候說。

在你決定要主動說第二次話的時候（如果上次主動說話的也是你），請你花一次相遇的時間（或上次講完之後

對方消化的時間），等到對方也釋出好感的能量給你時，你再進行下一步。一切都依照對方給你的回應，因為你也要消化感受之後，準備好再表達，並不是只有對方需要這樣。

也許過程中你會發現你們兩個的能量差距是大的，例如你覺得很多事情無所謂，但很多事情對方有所謂（這個差異在進行前三個步驟的時候感受其實就會滿明顯的），彼此之間其實不需要發生什麼不愉快，也可以就此打住。

真正和諧的關係講求的是一來一往與勢均力敵。如果能量彈性與範圍差距太大，兩個人交流起來都會很辛苦。所以就算很會感受與掌握表達的人，也不見得會有很多交往的經驗，因為如果他是一個很懂得順勢而為的人，又沒有需要證明自己的慾望，其實經驗人數不一定會很多。（經驗人數很多的人通常內在有某種空洞，促使他需要一直找新的對象。）

10.
害羞不是藉口

　　看看 3 歲以前的小孩子，當然也有生性害羞的，但你
會發現孩子並不會因為自己害羞就排斥跟別人互動。很多
人都會拿「害羞」來當作自己無法認識別人的擋箭牌，但
這兩者根本沒有關係。

　　想像一個小女孩很害羞，但她很想認識你，她可能會
躲起來一直偷看你，但看著你的眼神仍然是發亮的。或是
不敢開口說話但身子一直扭來扭去一直傻笑，你可以從她
的眼神感受到她想跟你互動的心情與訊息，但她仍然忠實
於自己害羞的天性。這也是一種表達，建立交流並不代表

你要隨時隨地像個開朗的瘋子。要傳遞內心感受的方式有很多，用講的反而是最後的手段與方式。

　　要養成邂逅體質，80% 的關鍵都在眼神傳遞的能量中。因為眼睛是靈魂之窗，眼神所傳遞的訊息比我們想像中的多非常多。眼神是否能夠如實的傳遞你的感受，幾乎就決定了你的肢體語言是否能夠如實地傳遞你的感受。因為眼睛無法騙人，也是最赤裸的能量。

　　如果不敢看人的眼睛，那絕對不是因為「害羞」，是因為跟人相處有創傷所以感到恐懼。「害怕」與「害羞」是完全不同的兩回事。

　　　　　　　　　　　　　　　　　　　寫給想愛的男人們

沒有比愛
更真實的東西了

　　男性要的跟女性要的東西並沒有什麼不同，都是「愛」。而愛的形式必須是量身訂造的，要了解對方的渴望、對方的喜好，是一種「看到對方開心自己就開心」的心情，而不是在關係中玩「誰比較離不開」的權力遊戲。

　　這也是為什麼許多男性在關係中會掙扎的原因，因為懂「愛」的陰性角色實在是太稀少了（前面有說到陰性角色才是真正主導關係走向的關鍵）。而且最糟糕的是，這些不懂愛的女性還認為自己很懂愛，還都覺得愛情不值得相信都是男性的問題。

在主流的賣座電影中，近期我少數看到的一個我認為懂愛的女性角色是鋼鐵人的老婆小辣椒。她「懂」東尼史塔克，她知道東尼的內在會因為什麼起舞，會因為什麼安睡，知道他追求什麼、想要什麼。她雖然也想要平凡的幸福，但因為愛他，她學習接納他的本質：一個註定不平凡的人，一個註定會為了人類犧牲自己的人。

　　在《復仇者聯盟：終局之戰》中，東尼不小心解開了時間旅行的方法而內心大為振奮，他告訴小辣椒他解出來了，但如果她想要他放下這一切，他可以把這東西丟進湖裡，然後去睡覺（And go to bed）。但小辣椒只是溫柔地笑著，帶著一點無奈看著他：「但你有辦法休息嗎？」（But will you be able to rest?）

　　她知道東尼如果沒去做這件事，日常生活不會過得安穩。

　　甚至鋼鐵人在《復仇者聯盟》中死亡的那一刻，她也是強忍著悲傷笑著送他離開的，她摸著他的臉，強忍淚水笑著對他說「我們（我跟女兒）會沒事的，你可以好好休息了（We will be okay, you can rest now.)」。到最後一刻，她不想讓東尼感到牽掛，讓他可以安心地離開而展現出堅強，我覺得那是整部電影中最美的一幕。

缺愛女孩們看到這段一定會感到忿忿不平，「那小辣椒呢？她想要的呢？為什麼都是女性在配合男性？」這樣思考立即陷入了權力鬥爭的結構裡，那並不是愛。愛並不求公平，也不求回報，愛是接納一切的本質與發生。

　　在這個層面上，我覺得擁有陽性身體的人比擁有陰性身體的人更懂愛。我們很少看到男人認真喜歡上一個女人時，是為了改變她而跟她在一起。但我們很常看到女人認真喜歡上一個男人時，並不是喜歡上他的現在，而是他「未來的可能性」，所以女人要男人在關係中努力改變的例子屢見不鮮。反而男性更容易會因為「不想改變對方」而提出分手，不見得愛她就一定要她跟自己綁在一起。

　　小辣椒讓東尼能做他自己，過他能睡得安穩且沒有罪惡感的人生，就是小辣椒想要的，那並非妥協或逼不得已，而是一種強而有力的選擇。女性容易受到情感執著的折磨，而忘記自己擁有「選擇」。擁有不跟對方在一起的選擇，也擁有離開一個「心向著大眾而非自己」的人的選擇。

　　愛他就不要改變他，如果想改變他，那就不要選擇他。我想在「選擇」與「放手」的層面，陽性是比陰性懂得多。因為陽性能量對於愛並沒有「一定要在一起」的這

種執著，或為了在一起而說服對方一起扭曲自我。

　　小辣椒「選擇」了跟東尼在一起，「選擇」接納他的本質，也「選擇」不改變他，所以才有了那樣哀戚又美麗的場面。因為是選擇，所以不怨不懟且充滿對對方本質的愛與接納，不讓對方在離去的那一刻產生罪惡感，那是一個充滿力量的女人才能做到的。

　　PUA 有辦法吸引到像小辣椒這類女性嗎？我想是不行的，PUA 能吸引到的只有會說「為什麼都是女性在配合男性？」的人。因為 PUA 有用的原因就是建立在女性的自卑、匱乏及無力感上，若沒有施力點就毫無作用，一個充滿愛與力量的女性對這類的招數是無動於衷且敬謝不敏的。資本主義社會的無良商人為了賺錢，也打造了一個令女性更容易對自己產生自卑的環境，因此 PUA 也就能橫行霸道。

　　因為 PUA 能吸引到的女性有各種不同類型，只要有那匱乏的施力點就行，而那個施力點越大，就越是有效。這也是為什麼漂亮的女生與高學歷等聰明的女生也容易被 PUA 的原因，因為內在是否健全與外表、成就一點關係都沒有。

　　或是換句話說：越是執著於外表、成就的人，施力點

就越大，然而很多時候美貌、成就是可以靠強大的執著來完成的。而擁有強大執著的人，跟真實自我與感受是離很遠的。PUA 這類型的手法，其實只要稍微有一點感受力的人都能感覺到違和感，信任自己的感受的人就不會被那樣的手法吸引。

因此 PUA 只能吸引到擁有許多內在焦慮的女性，而擁有許多內在焦慮的人，無論男性女性，在療癒自己的功課上沒有完成到一定程度前，都不具有經營長期關係的能力。在關係中，那樣的人是具有破壞性的，那並沒有什麼不好，因為我們都會在每一段關係中學習，無論它是否是一段健康的關係。

在「只知道滿足自己」的階段，我們只會被把伴侶當成「滿足我」的媒介（講難聽一點是工具）。無論是情緒上的滿足還是身體上的滿足，在這個階段的人比起「去愛」更想要「得到」或「勝利」。就算是無止盡的付出，那也不代表不是在「自我滿足」，因此付出與否並不是愛與非愛的決定差異，而是是否有真的用心看見這個個體，了解他的感受、他的渴望。

而當兩個只想要得到「滿足自己」的人湊在一起的時候，「愛情」當然就令人感到失望。只有當兩個「想為對

方服務」的人湊在一起，真愛才得以成立。直到一個人能在服務他人這個行動中，感受到做這件事純粹的喜悅，那他才得以說是一個真正的「大人」，而不是擁有成人身體的孩子。

我個人認為，這本書的目標客群，也就是擁有陽性身體的各位，對於無條件的愛與真正的「喜歡」的直覺理解，是比擁有陰性身體的人更清晰的。雖然我們都渴望愛與幸福，但是我們卻鮮少聽見男性說自己想要幸福或愛。

因為這聽起來真的很不像男人。當然我並不是要鼓勵男人開始大聲說自己想要追求幸福，我並不支持很多平權人士那種將一切中性化的思想。而是就算不用「幸福」與「愛」這樣的字眼描述，也要開始了解自己其實在關係中想要的是「這樣的感受」。

擁有陰性身體的「直覺」與擁有陽性身體的「直覺」的定義與層面都是不一樣的。陰性身體擁有者的「直覺」屬於一種五感之外的第六感，類似於因為與情感流動能量連接較強而發生的「靈感」；而陽性身體擁有者的「直覺」更加野性與原始，更類似於野生動物的直覺感應。

但無論是陽性的身體還是陰性的身體，我們「屬靈」的本質有很大的流動性。何謂「靈」」？就是操縱我們身

寫給想愛的男人們

體，讓我們的有機肉體擁有「生命」的那個東西。我們感受這個世界是透過身體，所以身體當然也會影響我們的思維與行為模式。

當我們取得對於自我的覺察力之前，我們會以為「模式」是一切，但如果你開始對萬物有了覺察與洞察力，會發現人若感覺到自己是「完整」的當下，也就脫離了「模式」的束縛。當我們脫離了模式的束縛，我們才成為真正的「個體」。

寫給想愛的男人們
不只有、還要好，與真正在意你的人相遇

作者——— 文飛（Dana）
設計——— 張巖
副總編輯——— 楊淑媚
校對——— 文飛（Dana）、楊淑媚、謝馨慧
行銷企劃——— 謝儀方

總編輯——梁芳春
董事長——趙政岷
出版者——— 時報文化出版企業股份有限公司
　　　　　　108019 台北市和平西路三段二四〇號七樓
發行專線———（02）2306-6842
讀者服務專線——0800-231-705、（02）2304-7103
讀者服務傳真——（02）2304-6858
郵撥——19344724 時報文化出版公司
信箱——10899 臺北華江橋郵局第 99 信箱
時報悅讀網———http://www.readingtimes.com.tw
電子郵件信箱——yoho@readingtimes.com.tw
法律顧問——— 理律法律事務所　陳長文律師、李念祖律師
印刷——— 勁達印刷有限公司
初版一刷——— 2023 年 10 月 20 日
定價——— 新台幣 380 元

時報文化出版公司成立於一九七五年，並於一九九九年股票上櫃公開發行，於二〇〇八年脫離中時集團非屬旺中，以「尊重智慧與創意的文化事業」為信念。

寫給想愛的男人們 / 文飛 (Dana) 作 . -- 初版 . --
臺北市：時報文化出版企業股份有限公司 , 2023.10　面；　公分
ISBN 978-626-374-447-9(平裝)
1.CST: 戀愛 2.CST: 兩性關係

544.7　　　　　　　　　　　　　　　　112016402